Albert Gasser · Das Kirchenvolk redet mit

Die Synode 72 in der Diözese Chur

**T V Z**

Albert Gasser

# Das Kirchenvolk redet mit

## Die Synode 72 in der Diözese Chur

**T V Z**

Theologischer Verlag Zürich
Edition NZN bei TVZ

Die Deutsche Bibliothek – Bibliografische Einheitsaufnahme
Die Deutsche Bibliothek verzeichnet diese Publikation in der Deutschen Nationalbibliografie; detaillierte bibliografische Daten sind im Internet über <http://dnb.ddb.de> abrufbar.

ISBN 3-290-20023-X

Umschlaggestaltung: www.gapa.ch gataric, ackermann und partner, Zürich
Satz und Layout: Claudia Wild, Stuttgart
Druck: ROSCH-BUCH GmbH, Scheßlitz

© 2005 Theologischer Verlag Zürich
www.tvz-verlag.ch

# Inhaltsverzeichnis

# Vorbemerkung

Es jährt sich einiges in diesem Jahr: 100 Jahre Relativitätstheorie, 200 Jahre seit Schillers Tod, der 50. Todestag von Thomas Mann, 60 Jahre nach Ende des Zweiten Weltkriegs – und kirchengeschichtlich 40 Jahre nach Abschluss des Zweiten Vatikanischen Konzils. Im Schatten dieses monumentalen Ereignisses der Weltkirche sind 30 Jahre seit Beendigung der Schweizer Synode 72 vergangen. Eine provinzielle Veranstaltung, gewiss. Aber der Schweizer Katholizismus ist nicht die geringste unter den Kirchenprovinzen. Wie immer man die nachkonziliare Entwicklung beurteilen mag, bestreiten wird niemand, dass die katholische Kirche der Schweiz zu den aktiveren im Spektrum der Weltkirche zählt.

Die Synode ist Vergangenheit, aber die meisten ihrer Anliegen haben wenig bis nichts an Aktualität und Brisanz verloren. Das gesellschaftliche und erst recht das weltpolitische Umfeld ist verändert. Manches, was in den 1970er Jahren ein Aufbruch war und eine Novität darstellte, hat sich eingespielt und dauerhaft eingebürgert. Es sind jetzt rund 200 Jahre her, seit die katholische Kirche anfing, ihr Selbstverständnis als *Gemeinschaft* zu kultivieren. Konzil und Synode wurden von dieser lange anhaltenden und dynamischen Woge getragen.

Das Konzil hatte mit dem festgeschriebenen Begriff der *Kollegialität* zwar Weichen gestellt, aber Papst und Kurie verweigerten das Abfahrtssignal oder schalteten nur für eine kleine Versuchsstrecke auf grün. Die Synode ihrerseits fuhr munter auf neu ausgelegten Geleisen, aber die mangelnde Entscheidungsbefugnis überliess der Kirchenversammlung oft nur die Manövrierfähigkeit einer Modelleisenbahn.

Trotzdem, ein echtes Spiel wird immer auch mit Ernst betrieben. Die Synode 72 hat eine mentale Veränderung unterstützend begleitet, wenn nicht gar vereinzelt ausgelöst. Sie war Episode, aber ihre Ausstrahlung und Fernwirkung blieben nicht episodenhaft. Sie hat die viel beklagte Polarisierung nicht verursacht. Die war schon vorher da. Im Gegenteil, die Synode versuchte zu überbrücken, auszugleichen und zu vermitteln. Sie war nicht das Forum der *Progressiven*, sondern die Gemeinschaftsarbeit aller kirchlichen Kräfte und Gruppierungen.

Die Synode ist ein bleibendes Vermächtnis. Sie ist als Veranstaltung längst Geschichte. Aber das meiste von dem, was sie beschäftigte, ist auch auf der gegenwärtigen Tagesordnung. Darum lohnt sich ein Blick in die Werkstatt vor 30 Jahren und auch auf das zeitgenössische Umfeld. Die «ausserkirchlichen» Ereignisse färbten auf die Synode ab.

Ist von Zeitgeschichte die Rede, kommen neben schriftlichen Quellen Zeitzeugen zum Zuge. An diesen fehlt es bezüglich der Synode 72 nicht. Ich habe Entscheidungsträger konsultiert. Nicht alles ist mehr präzis abrufbar. Einiges ist verblasst oder aus dem Gedächtnis verschwunden. Aber das Entscheidende, nicht selten auch Anekdoten und nicht zuletzt das Atmosphärische blieben in alter Frische erhalten.

Meine Gesprächspartner waren: Dr. Ivo Fürer, Bischof von St. Gallen. Er gehörte mit Alt-Erzbischof Alois Sustar von Ljubljana, welcher aus gesundheitlichen Gründen mündlich nicht mehr befragt werden konnte, zu den «Architekten» der Synode. Prof. Dr. Josef Pfammatter, damals auch Regens am Priesterseminar St. Luzi in Chur, und die Dominikanerin Sr. Dr. Raphaela Gasser von Ilanz gehörten dem Präsidium an und waren Kommissionsvorsitzende. Der Zürcher Publizist lic.iur. Willy Kaufmann war einer der Verhandlungsleiter, und die damals im Churer Ordinariat tätige Ingenbohler Schwester Marionna Theus leistete Sekretariatsarbeit.

Die Synode 72 war eine gesamtschweizerische Veranstaltung. Aber das Schwergewicht lag auf den Diözesansynoden. Wir verfolgen den Ablauf der Churer Synode. Der Verfasser dieser Abhandlung war nicht Synodale, aber schon damals in Chur wohnhaft. Als unmittelbarer Zeitzeuge ist er nur bedingt einsetzbar, aber als Zaungast ist auch ihm einiges nicht entgangen.

Chur, im Juli 2005                                        Albert Gasser

# 1. Zeitgeschichte zwischen 1965 und 1975 – Eine Skizze

Während meines theologischen Grundstudiums am damaligen Priesterseminar St. Luzi in Chur in den Jahren 1959–63 pflegte der Professor für Kirchenrecht zu scherzen, man könne den Bischof arg in Verlegenheit bringen, wenn man sich bei ihm nach dem Statut der Diözesansynode erkundige. Und er gab gleich selber die Antwort: Ein solches existiere nicht, und eine Diözesansynode habe seit dem Konzil von Trient (1545–1563) nie stattgefunden, obwohl dieses die Bischöfe dazu angehalten hätte.

Das Zweite Vatikanische Konzil (1962–1965) schuf dafür die mentale Voraussetzung. Als aber in der ganzen Schweiz eine Diözesansynode 1972–1975 (analog der Konzilsdauer) in allen Bistümern durchgeführt und gesamtschweizerisch zusammengefasst wurde, waren seit der grossen Weltsynode zehn Jahre ins Land gegangen. Man kann die Zeitspanne noch enger ziehen: Zwischen dem Abschluss des Zweiten Vaticanums 1965 und dem Beginn der Diözesansynode 1972 hatte sich die kirchliche Grosswetterlage verändert.

Aber auch zwischen der Ankündigung des Konzils 1959 und dessen Abschluss hatte sich schon einiges gewandelt. Die hohen und oft übertriebenen Erwartungen hatten einer ernüchterten, verbreitet auch enttäuschten Kenntnisnahme Platz gemacht. Es war nicht der grosse Wurf, den sich viele erhofft (oder auch befürchtet) hatten, sondern der mühsam errungene Kompromiss, der niemand so recht befriedigte und welcher der Ausgangspunkt für Frustrationen und Polarisierungen wurde.

Zuerst ging es um die Liturgiereform, die vor Ostern 1965 umgesetzt wurde. Der Priester stand nicht mehr wie bisher während der ganzen Messe mit Ausnahme der Predigt am Altar, den Rücken dem Volk zugewandt. Der Wortgottesdienst war nun deutlich von der Eucharistiefeier im engeren Sinn abgegrenzt und wurde in der Volkssprache gefeiert. Mit der Gabenbereitung begab sich der Zelebrant zum Altar, und mit der Präfation begann der lateinische Teil, der bis zum Vaterunser dauerte. Aber auch diese letzte Bastion der obligatorischen alten Kirchensprache brach rasch ein. Bald wurde auch die Konzelebration freigegeben, was vor allem in priesterlichen Kommunitäten sinnvoll war.

Die weitgehend faktische Verabschiedung des Lateins rief die Bewegung «Pro una voce catholica» ins Leben. Auf ersten Grossveranstaltungen wurde für die Erhaltung der vertrauten liturgischen Sprache und besonders ihrer Gesänge demonstriert. Viele vermissten den gregorianischen Gesang und die lateinischen polyphonen Hochämter, die immer mehr aus dem Repertoire der Kirchenchöre verschwanden. Die gereizte Stimmung lieferte einen Vorgeschmack für das, was in der Folge auf uns zukommen sollte. Sie war der Nährboden für den seit 1969 in der Schweiz ansässigen früheren französischen Missionsbischof Marcel Lefebvre (1905–1991), der während des Konzils zu den entschiedensten Gegnern eines fortschrittlichen Kurses gehört hatte. Jetzt schlug seine Stunde. Nach einer Pause der Zurückgezogenheit gelang es ihm, in der Schweiz wieder Fuss auf seinem traditionalistischen Pfad zu fassen. Anfänglich ein nicht ganz unwillkommener Gast bei den welschen Bischöfen, die sich von ihm einen günstigen spirituellen Einfluss auf die jungen Theologen erhofften, stellte er aber bald mit der Gründung eines Priesterseminars Ecône im Unterwallis den zuständigen Bischof von Sitten vor vollendete Tatsachen. Sein Festhalten an der alten liturgischen Tradition führte ihm einen beachtlichen Anhang zu, auch aus deutschsprachigen Gebieten. Der rege Zulauf von Seminaristen rief Kopfschütteln bis Neid in den anderen Priesterseminaren hervor, die sich zusehends entleerten. Der bischöfliche Rebell lehnte aber auch die Konzilsbeschlüsse über die Kollegialität der Bischöfe, die Religionsfreiheit und die Ökumene ab. Er sah darin eine verspätete und deswegen nicht minder schlimme Rehabilitierung der Französischen Revolution mit ihrer gottlosen Trias von Freiheit, Gleichheit und Brüderlichkeit samt ihren Folgeerscheinungen, die doch von mehreren einsichtigen Päpsten, vornehmlich Pius X. (1903–1914) entschieden und kraftvoll verurteilt worden wären. Noch während die Synode 72 tagte, steuerte Lefebvre immer deutlicher auf das Schisma hin.

1967 erliess Papst Paul VI. die Enzyklika «Sacerdotis caelibatus». Sie bekräftigte unmissverständlich die Pflicht zur priesterlichen Ehelosigkeit. Das Konzil hatte darüber nicht gesprochen, obwohl das Thema in der Luft lag. Das sollte sich jetzt rächen. Aber auch das päpstliche Mahnschreiben heizte die Diskussion eher an, als dass es sie beendete. Bald einmal setzte die Welle von Austritten heiratsentschlossener Priester ein, wobei der Abgang aus Orden und anderen Gemeinschaften nicht geringer war als aus dem Weltklerus. Dieser Exodus war in der ersten Hälfte der 1970er Jahre am dichtesten, also eine unübersehbare Begleiterscheinung während der Synode 72. Indirekt und ungewollt förderte der Papst diesen Prozess, weil unter seinem Pontifikat die Dispens und damit die Möglichkeit einer kirchenrechtlich gültigen Eheschliessung gewährt wurde, was unter Johannes Paul II. sofort abgestellt wurde.

Die Geistlichen streiften die klerikale Kleidung ab. Das Schwarz mutierte in Grautöne und schliesslich ins bunte Allerlei. Die Mehrheit der Priester an der Synode 72 trug dunkel, mit weissem Hemd und schwarzer Krawatte. Das war beim Klerus für offizielle Funktionen damals Standard. In den Seminaren war die Soutane verschwunden.

Die 68er-Revolte schwappte auch rasch auf die Theologischen Fakultäten und die Priesterseminare über. «Der eindimensionale Mensch» (Herbert Marcuse) reckte sich auch in den theologischen Bildungs- und Forschungsstätten nach allen Seiten. Die sexuelle Revolution artikulierte sich gleichzeitig mit dem Erscheinen der Enzyklika «Humanae vitae» (1968) zur Geburtenregelung und Empfängnisverhütung, die zum Inbegriff für sexuelle Repression wurde. Paul VI. sah sich mit geballter Kritik konfrontiert. Dazu kam etwas, das es innerhalb der katholischen Kirche seit Pius IX. (1846–1878) nicht mehr gegeben hatte: In die Kritik mischte sich eine gehörige Portion Ironie und Sarkasmus. Der Papst erreichte auf alle Fälle auch hier das Gegenteil von dem, was er wollte. Zwei Jahre später stellte Hans Küng 1970 mit seinem Buch «Unfehlbar? Eine Anfrage» in aller Offenheit das päpstliche Amtsverständnis und die von ihm beanspruchte Autorität in Glaubensfragen zur Disposition und entfachte damit eine heisse Diskussion, die bis heute nicht mehr zur Ruhe kommen sollte. Seine kritischen Einwände, die auch von vielen anderen geteilt wurden, konnte man auf eine Formel bringen: *Petrusamt ja, päpstlicher Absolutismus nein.* – Humanae vitae und die daran sich anschliessenden Reaktionen markierten auch eine Zäsur im Pontifikat Pauls VI. Der Papst wirkte in der Folge angespannt und verkrampft, verängstigt und zugleich verbissen. Seine steifen Bewegungen und die rauh blecherne Stimme wurden sein Markenzeichen. Optisch und akustisch manifestierte sich das für die Weltöffentlichkeit bei seinen Auftritten auf der Loggia an hohen Festen in Verbindung mit dem Segen «Urbi et orbi».

Die 68er-Bewegung hatte ihren Ausgangspunkt in den USA genommen. Ein wichtiger Auslöser dafür war der Vietnamkrieg, der die Vereinigten Staaten in ihren längsten und schliesslich in einen verlorenen Krieg führte. Die Präsidenten Kennedy (1961–1963), aber vor allem Johnson (1963–1969) schlitterten wider Willen in diesen Schlamassel hinein. Es war ein nicht deklarierter Krieg, der von der von Zweifeln gequälten Regierung einerseits halbherzig, anderseits mit wachsender Brutalität geführt wurde. Die US-Administration war die Gefangene der «Domino-Theorie», die besagte: Wenn ein Stein fällt, fallen auch die andern, wenn ein Land in Südostasien kommunistisch wird, werden es auch die andern. Man war fixiert auf die einfache Bipolarität des Kalten Krieges aus den späten vierziger und den fünfziger Jahren und konnte oder wollte nicht zur Kenntnis nehmen, dass der Weltkommunismus längst keine monolithische Grösse mehr war, wenn er es überhaupt je gewesen ist, und dass sich die nationalkommunistische Regierung in Hanoi weder von Moskau noch von Peking ans Gängelband nehmen liess. Die Leidtragenden in den USA waren die jungen Männer und darunter auch die Studenten, wenn auch letztere sich trotz damaliger allgemeiner Wehrpflicht noch eher darum drücken konnten. Bill Clinton ist ein prominentes Beispiel dafür.

Die lautstarke Opposition ging aber vor allem von den Studierenden in Amerika aus. Die «sit-ins» breiteten sich wie eine neue Protest-Liturgie aus und fanden rasch ihre Ableger in Europa. Während des Sechs-Tage-Krieges im Juni 1967 herrschte an den Schweizer Universitäten noch eine einhellige Pro-Israel-Begeisterung. Man unterstützte den tapferen «David» gegen den Riesen «Goliat» und pries die israelische Armee als die schlagkräftigste der Welt, riss Witze über die flüchtenden Ägypter mit ihren nutzlosen sowjetischen Waffen und fand sich im grossen Einverständnis mit den «westlichen» Werten. Das kippte in der Folge bald. Der alte westeuropäische, antikommunistische Konsens, in den vor allem seit der sowjetischen Niederschlagung des Ungarnaufstands auch die akademische Jugend und die Intellektuellen eingestimmt hatten, zerbröckelte. Ein Antiamerikanismus begann zu grassieren, der auch Groteskes zu Tage förderte, wenn linke deutsche Studenten speziell in West-Berlin auf die Strasse gingen, Parolen gegen ihre Schutzmacht riefen und für den nordvietnamesischen Diktator rhythmisch im Trab *Ho Ho Ho Chi Minh* skandierten.

Es wurde modisch – auch hierzulande –, die amerikanische Weltmacht auf die moralisch gleiche Stufe zu stellen wie die Sowjetunion. Schurken wären allemal beide. Das Gegenteil von *links* war *faschistisch* oder zumindest *faschistoid*. Die Verteufelung des Kommunismus sei nach einem immer wieder bemühten Ausspruch des – nebenbei bemerkt – höchst bürgerlichen Dichters Thomas Mann angeblich «die Torheit des 20. Jahrhunderts». Der verkrustete Kreml mit dem zunehmend vergreisenden Politbüro und seinem Ostblock bot zwar keine Alternative. Eher nahm man Kurs auf Kuba zum damals noch dunkelbärtigen, feschen Fidel Castro auf der Zuckerinsel. Mit Mao zu flirten, bevor das Programm seiner *Kulturrevolution*, das Millionen Chinesen dahinmordete, in seinem katastrophalen Ausmass bekannt wurde, gehörte ebenfalls zum Trend. *Maos Rotes Schülerbüchlein* wurde auch unter den Pulten katholischer Internate weitergereicht. Nicht dessen Ideologie zog, sondern es juckten die Anweisungen, wie man das Schulsystem demontieren und die Unterrichtenden blossstellen könne. Eine Möglichkeit funktioniere so: Prahlt ein Lehrer mit einem Beispiel zu den Erklärungen in der Lektion, dann soll man mit geheucheltem Interesse nach mehr Exempeln fragen, und man wird den Lehrer alsbald in Verlegenheit bringen. Die englische Internatsschule *Summerhill* für antiautoritäre Erziehung, wo die Zöglinge frei von jeglicher Autorität aufwachsen könnten und sich unverkrampft entwickeln sollten, erschien als Kinderparadies auf Erden. Allerdings, so tierisch ernst wurde es wiederum auch nicht genommen. Man frotzelte über den *Antiautoritären Kindergarten* mit ironischem Seitenhieb. Da fragen doch eines Morgens die sechsjährigen Kids: *Fräulein, müssen wir heute wieder machen, was wir wollen?*

Geräuschvoll war der Marsch durch die universitären Strukturen. Die Entgötterung der Professoren und die Demokratisierung des Unterrichts, was immer man darunter verstehen wollte, liessen gelegentlich in der Bundesrepublik Deutschland den Vorlesungsbetrieb aus dem Ruder laufen. Ein anfänglicher Liebling der akademischen Linken, der Soziologieprofessor Theodor Adorno von der Frankfurter Schule, musste schmerzlich am eigenen Leib erfahren, wie er die Geister, die er gerufen hatte, nicht mehr los wurde, und wie sie zurückschlugen und den Urheber menschlich vernichteten. Wenn wir auch in der Schweiz nie *deutsche Verhältnisse*, wie man das nannte, bekamen, schon gar nicht an theologischen Fakultäten, bebte der akademische Boden doch spürbar. Ein virulenter Linksdrall erfasste nicht wenige Theologiestudenten. Die Militärdienstverweigerung aus Gewissensgründen wurde ausgiebig diskutiert, und Einzelne zogen diese auch mit den entsprechenden Konsequenzen durch. Man müsse in diesen Zeiten des verhärteten Kalten Krieges die Fronten aufbrechen, ein Zeichen setzen. Im Zeitalter der Atombewaffnung gäbe es ohnehin keine «gerechten» Kriege mehr, sofern eine solche Unterscheidung zwischen «gerecht» und «ungerecht» überhaupt je zulässig gewesen wäre. Aber vor allem widerspräche die militärische Aufrüstung und Abschreckung, die zu einer Spirale offener oder versteckter Gewalt führe, diametral der Bergpredigt.

Eine gewiss nicht flächendeckende, aber doch vor allem un-
überhörbare Manie von Autonomie grassierte. Nur kein passiver
Befehlsempfänger sein. Alles und jedes wurde unnachsichtig hin-
terfragt, auf die Sinnhaftigkeit und Zumutbarkeit abgeklopft. Als
perfid galt besonders auch die *subtile Repression*, die gang und
gäbe wäre und in die sich die westliche Konsumgesellschaft nur
allzu gern füge. Das Wort von der *repressiven Toleranz* des
durchtriebenen *Establishment* ging um. Auch unser alltägliches
Reden und Kommunizieren wäre unbesehen unbedarft doktrinär
und zudringlich. Selbst die Nachrichtensprecher am Radio änderten eine Zeitlang einsichtig nachdenklich ihre bisher so unbe-
dachte Sprechweise. Statt: *Die nächsten Nachrichten hören Sie
um 17.00 Uhr* hiess es jetzt plötzlich: *Die nächsten Nachrichten
können Sie um 17.00 Uhr hören.* Bis in die banale Ansage hinein
dürfe nur das pure Angebot zum Ausdruck kommen, und jeder
Anschein müsse vermieden werden, als sollte der Konsum von
Depeschen etwa Pflicht sein; vielmehr sollten die Hörerinnen und
Hörer nur auf diese Möglichkeit hingewiesen werden, sofern sie
das Bedürfnis danach hätten. An oberster Stelle stand das Lust-
prinzip. Auch schon eine Einladung versprühe den Hauch von
Fremdbestimmung. Ein Zeitkritiker meinte einmal, wenn das so
weitergehe, werde es bald einmal in den Bahnhöfen aus dem
Lautsprecher folgendermassen tönen: *Für allfällige Reisewillige
stünde gegebenenfalls auf Gleis 1 ein Zug nach Zürich zur Verfügung, ohne dass wir damit aufdringlich sein wollen.*

Im Religionsunterricht fanden die Katecheten einigermassen
geneigte Ohren, wenn eine Fragestunde über Sex und Drogen
vom Stapel gelassen wurde. Etwas anspruchsvoller hörte es sich
auf dem höheren Gymnasium an, wenn man in den tieferen
Schichten des Marxismus nach blankem Christentum bohrte.
Der linke französische Publizist Roger Garaudy propagierte den
Diskurs zwischen Katholizismus und Marxismus. Karl Rahner
und J. B. Metz nahmen die Einladung an. Karl Marx gar als ver-
kappter Kirchenvater oder wenigstens heimlicher, auf seine Weise
«praktizierender» (anonymer) Christ? Und wie war das mit dem
*jungen Marx?* War der nicht dynamischer und entwicklungs-

fähig? Im Frühjahr 1968 brach im Ostblock, aber immerhin im Herzen Europas, in der Tschechoslowakei, nicht bloss Tauwetter aus, sondern ein regelrechter Frühlingssturm fegte das vereiste System mit seinem vergreisten stalinistischen Politbüro hinweg. *Sozialismus mit menschlichem Antlitz* war das Losungswort, das der neue Parteichef Alexander Dubcek ausgab. Aber der *Prager Frühling* wurde am 21. August 1968 nach anfänglichem Lavieren des Kremls und vorgetäuschter Verhandlungsbereitschaft durch die Sowjetarmee brutal niedergewalzt und in einen unzeitigen *Prager Herbst* zurückgeworfen. Die *Neue Linke* im Westen gab dennoch nicht auf. Das Zauberwort für die Zukunft hiess *Reformkommunismus* oder *Eurokommunismus*. Das Opus magnum *Prinzip Hoffnung* des marxistisch-jüdischen Philosophen Ernst Bloch wurde indes wohl mehr zitiert als gelesen: Der *Exodus* als permanentes Entwicklungs- und Gestaltungsprinzip auf das *Gelobte Land* hin, im Sinn einer «Realutopie», und *Heimat* als das, *worin noch niemand war*, so lauteten markante Aussagen Blochs.

Hatte die alte Schöpfungstheologie ausgedient? Sie pries die «creatio ex nihilo» (Schöpfung aus dem nichts) und dergestalt Gottes Grösse und Kraft und nahm sie dankbar an. Jetzt musste die Kreatur verändert werden. Die traditionelle (scholastische) Schulphilosophie, die die Dinge, wie sie waren, betrachtet hatte, wurde nun von der marxistischen Denk- und Handlungsweise, das Vorgegebene zu verändern, abgelöst. So war jetzt auch angesichts der wüsten Welt nicht das Staunen, sondern das Stöhnen angesagt. Das Lob der Schöpfung war verpönt und musste verstummen. Angestimmt wurde die Klage über die unerlöste, fremdbestimmte und ihrerseits unterdrückende *real existierende* Gesellschaft. Dementsprechend wurde unter anderem von gewissen Theologen oder in Predigten die amerikanische Mondlandung vom 21. Juli 1969 säuerlich kommentiert. Die Weltraumfahrt wurde vermiest, nicht im Sinn naiver Geister, die darin fast einen himmlischen Hausfriedensbruch wähnten, sondern mit dem vorwurfsvollen Hintergedanken, was diese zur Verbesserung der Lebensbedingungen beitrage. Gewiss, darüber konnte man ernstlich nachdenken. Es war mehr der Ton dieser Kritikaster, die mit einer neuen Variante von moralisierender und alles besser wissender Naturwissenschaftsverachtung daherkamen – das hatten wir ja in der katholischen Kirche auch schon einmal – und mit dieser Absicht viele verstimmten.

Ein zunehmend moralisierender Zug stellte sich ein. Ein regelrechter Leistungsdruck sollte jede geistige Behaglichkeit vertreiben. Eine Ethik permanenter Imperative wurde angesagt, ein neu aufgelegtes, ununterbrochenes: *Du sollst*, oder präziser: *Ihr sollt...* Der Heilige Geist weniger als Tröster, denn als Unruhestifter, der Beine macht, auf Trab bringt. Ohne erbrachte Eigenleistung keine Erlösung. Ohne vorherige Veränderung keine nachträgliche Verklärung. Eine neue Form von Werkgerechtigkeit machte sich breit. Wo soll man die Freude hernehmen, wenn so vieles im Argen liegt? Ein trotziger Protest meldete sich zu Wort. Ein Feststreik wurde da und dort propagiert: z. B. sich am Weihnachtstag demonstrativ auf die Strasse setzen, zwar mit Wolldecken versehen, aber bei Sprudel oder Tee. Der überbordende weihnachtliche Konsum war und ist gewiss fragwürdig. Aber diese griesgrämigen und in gewisser Weise auch menschenverachtenden Gesten waren wenig dazu angetan, darin aufmunternde und wärmende prophetische Zeichen zu sehen.

Beliebt war die plakative und damit unfaire wie ungerechte Einschätzung der zeitgenössischen kirchlichen und politischen Führungsträger auf der Weltbühne. Da hiess es etwa, das sympathische Dreigespann der frühen sechziger Jahre mit dem charismatisch gutmütigen Johannes XXIII., dem jugendlich strahlenden Kennedy und dem bullig jovialen Chruschtschow sei leider abgelöst worden vom hölzernen und zögerlich zaudernden Paul VI., dem verbissenen und verbitterten Johnson und dem steifnackig grimmigen Breschnew. Dabei unterdrückte Chruschtschow in Russland die Religion und die Kirche viel mehr als Breschnew, und Paul VI. war ein modernerer Visionär in sozialen Fragen als sein Vorgänger.

Nochmals Näheres zur katholischen Kirche hierzulande. Noch trugen um 1970 im Allgemeinen die Strukturen des Milieukatholizismus. Es gab noch die katholische Presse: Das zentral-schweizerische *Vaterland,* die *Neuen Zürcher Nachrichten,* die Winterthurer *Hochwacht,* das *Bündner Tagblatt* und andere mehr. Fast alle respektablen Pfarreien hatten noch einen priester-lichen Gemeindeleiter. Offenbar war das Befinden der Priester besser als die Fama. Die 1970 gegründete Kommission «Bischöfe und Priester» führte in der Schweiz 1971 eine Priesterumfrage durch. Es antworteten immerhin 85 Prozent. Die Fragen betrafen Selbstverständnis, Arbeit, Sozialbeziehungen und natürlich Zöli-bat. Die «Momentaufnahme» enthüllte kein gravierendes Unbe-hagen – und dies trotz alarmierend steigenden Abgängen aus dem Priesteramt. Aber es war ja ohnehin alles rückläufig, Priester und Ordensberufe, bei Männern und Frauen. Am Priesterseminar St. Luzi in Chur brach die Zahl der Studierenden Ende der sechzi-ger Jahre regelrecht ein. Mitte der Sechziger hatte man grosszügig um- und angebaut. Das Haus war voll. Die Konzilseuphorie wirkte nach. Nun ging alles rasant bergab. Die Erhebung des theologischen Studiums zur Theologischen Hochschule Chur im Jahr 1968 (1973 um das akademische Gradrecht des Lizentiats erweitert) brachte keine Trendwende. Nach 1970 wurde inoffi-ziell der Studienplatz Chur bereits fürs Erste in Frage gestellt. – Rückläufig war der sonntägliche Gottesdienstbesuch und erst recht die Beichtpraxis. Letztere erlebte eine eigentliche Erosion. Der Übergang zur «freiwilligen Sonntagspflicht» kam dem got-tesdienstlichen Klima auch zugute.

Aber es gab viel Belebendes in den Pfarreien. Wenn auch die Jugendvereine immer mehr mit sich und ihrem Überleben be-schäftigt waren, tat sich einiges auf gesellschaftlicher und gesel-liger Ebene. *Pfarreiabende* wurden in eben gebauten *Pfarreihei-men* durchgeführt. Initiative Pfarrer riefen *Pfarreiräte* ins Leben. Auf Bistumsebene konstituierte sich der obligatorische «Priester-rat». Von ihm ging zügig die institutionalisierte und im Grund-satz obligatorische Fortbildung des Klerus und aller hauptamtli-chen Seelsorger aus. Im diözesanen *Seelsorgerat* bildeten die Laien eine starke Fraktion. Ganz unbestritten waren diese Neu-schöpfungen nicht. Man spöttelte gelegentlich über die *Rätekir-*

*che* und war sich im Unklaren, ob darin Geist oder Geräusch dominiere.

Was zuerst zögernd, aber dann kontinuierlich heranwuchs, waren die *Laientheologen*. Um 1960 noch ein «Findling» in der ekklesialen Landschaft, waren sie zehn Jahre später auch im Priesterseminar präsent, mit wachsendem Selbstbewusstsein, gelegentlich auch mit einem Schuss Überheblichkeit, in der anfänglichen Zuversicht, die Zeit arbeite in entscheidenden Dingen für sie, allenfalls als Pioniere der künftigen Priesterehe. Trotz überdeutlicher römischer Abwehr solcher Spekulationen hielten sich diesbezügliche Hoffnungen, oder müsste man sagen Illusionen, die übrigens auch vereinzelt von Priesteramtskandidaten genährt wurden. Anders gesagt: Es wurden bisweilen zwei verschiedene Wege zum kirchlichen Dienst angegangen, in der vagen Erwartung, am Ende fänden beide Stränge im verheirateten Priester wieder zusammen. In den siebziger Jahren fanden auch Frauen zum Theologiestudium mit der Aspiration, ebenfalls vollamtlich in der Seelsorge eingesetzt zu werden. Der Terminus *Laientheologe* war vielen ein Ärgernis. Die Träger dieses Namens waren ja keine theologischen Laien. Die Berufsbezeichnung *Pastoralassistenten* entschärfte das Malaise etwas. Doch erst der Titel *Gemeindeleiter* oder *Gemeindeleiterin* für entsprechend Beauftragte holte vieles auf. Aber das kam später, und wir wollen der Synode 72 nicht vorgreifen. – In dieser Zeit erstarkten auch die staatskirchlichen Strukturen. 1970 wurde ein neues Finanzierungssystem eingeführt. Die *Römisch-Katholische Zentralkonferenz* aus Vertretern der kantonalen Organisationen schloss mit der Schweizerischen Bischofskonferenz einen Vertrag über die Mitfinanzierung überregionaler und landesweiter pastoraler Aufgaben.

Ein Wort noch zu neuen *Bewegungen* und wichtigen Begebenheiten. Während alte Institutionen stagnierten oder abstarben, entwickelten neuere Gründungen beachtliche Anziehungskraft. Sie pflegten vielfach spirituellen Tiefgang in Verbindung mit radikaler Treue zu Kirche und Hierarchie. Die von christozentrischer Passionsmystik und Geschwisterlichkeit geprägte *Fo-*

*kolar*-Bewegung fand vor allem in den frühen siebziger Jahren auch Sympathisanten im Priesterseminar Chur. Ebenfalls streng loyal kirchlich breitete sich im Tessin *Communione e Liberazione* aus. Bereits etwas früheren Datums, blieb die marianisch ausgerichtete *Schönstatt-Bewegung* weiterhin attraktiv. Zunehmend machte das aus Spanien stammende, 1928 gegründete *Opus Dei* auch in der Schweiz von sich reden. In Zürich steuerten die an Mittelschulen als Religionslehrer tätigen Opus-Dei-Priester auf einen Konflikt zu, der 1979 eskalierte und zur Kündigung dieser Katecheten durch den Zürcher Generalvikar führen sollte.

Aber auch in der alten kirchengeschichtlichen Landschaft stand eine völlig unbelastete Persönlichkeit mit unverbrauchter prophetischer Vision zur Verfügung. Franz von Assisi erlebte einen regelrechten Boom. Der eigenwillige und originelle Zürcher Jesuit Mario von Galli erreichte 1970 mit seinem Franziskusbuch und dem herausfordernden Titel *Gelebte Zukunft: Franz von Assisi* eine aufmerksame Leserschaft, um nur ein Exemplar aus der rasch anwachsenden neofranziskanischen Literatur zu nennen. Es rankte sich aber, abgesehen von den Ramschläden in Assisi, neuer unhistorischer Kitsch um den Heiligen. Das bekannte läppische Cliché vom *Bruder Immerfroh* wurde angereichert durch nicht minder Einseitiges bis Unsinniges. Pazifisten, Naturschwärmer und Grüne vereinnahmten den grossen unbekannten Bekannten und machten es sich zu einfach mit dem keineswegs einfachen Mann aus Umbrien. Franz von Assisi war sicher friedfertig, konnte aber auch aggressiv sein. Er war geduldig und unduldsam, devot und aufmüpfig, brüderlich und autoritär, ein Freund der Tiere, aber kein Vegetarier und musste sich in seinen späteren Jahren mit «Fundis» und «Realos» im Orden herumschlagen. Trotzdem, die neue franziskanische Welle schwappte nicht mit grösseren Novizenzahlen auf die zahlreichen schweizerischen Kapuzinerklöster über. – Aber in vielen Kirchenohren war noch immer das legendäre Wort von der Kirche der Armen und für die Armen, das seinerzeit der Erzbischof von Bologna, Kardinal Giacomo Lercaro, einer der Konzilspräsidenten, geprägt hatte.

Nochmals zu schweizerischen Spezialitäten. Befreiend war die Regelung der leidigen Mischehenfrage durch die Schweizerische Bischofskonferenz im Jahr 1970. Die letzte Kompetenz für die konfessionelle Erziehung der Kinder wurde dem Gewissen der Eltern überlassen. Dieser Entscheid war ein ökumenischer Meilenstein. – 1973 beschlossen die Schweizerische Bischofskonferenz und der Schweizerische Evangelische Kirchenbund die gegenseitige Anerkennung der Taufe. – Ebenfalls 1973 strichen Volk und Stände in einer eidgenössischen Abstimmung das Jesuitenverbot und das Verbot, neue Klöster zu gründen, aus der Bundesverfassung. – Der *Fall Pfürtner* indes wühlte zu Beginn der siebziger Jahre die kirchliche Landschaft auf. Der Abschuss des Freiburger Theologieprofessors sorgte für Aufregung, weil er sich auf dem Gebiet der Sexualethik für römische Ohren zu weit vorgewagt hatte. 1974 erliessen die Schweizer Bischöfe eine pastorale Anweisung für Bussfeiern, die in der Deutschschweiz mit Absolutionen durchgeführt wurden und die Beichtkrise auffingen. Neben der belasteten Geschichte der Beichterziehung und des Beichtens wirkte sich hier auch das gewandelte Schuld- und Sündenbewusstsein aus. Es war weniger auf die Sexualität und die Kirchengebote fixiert, sondern stellte mehr die persönliche Grundhaltung des Einzelnen und die soziale Komponente in den Vordergrund. – Alles dies sind Ereignisse und Erlasse, die sich vor oder während der Synode 72 abspielten.

Mit Interesse verfolgte man in der deutschen Schweiz den Verlauf des holländischen *Pastoralkonzils*, das von 1966–1970 tagte und vor allem mit der Forderung nach Abschaffung des Pflichtzölibats Paul VI. zur Intervention herausforderte. Der Vatikan grollte. Rom konterte mit umstrittenen Bischofsernennungen – eine Methode, die unter seinem Nachfolger forciert wurde und mitunter verhängnisvolle Folgen annehmen sollte. Der *Neue Katechismus* (Holländischer Katechismus) mit verändertem Inhalt und zeitgemässer Sprache fand den Weg auch in den schweizerischen Religionsunterricht. Und wenn von traditionalistischer Seite in diesem Buch zahlreiche «Hauptsünden» entdeckt wurden, förderte das eher noch den Absatz. 1973 gaben Johannes

Feiner und Lukas Vischer das *Neue Glaubensbuch* heraus, einen ökumenischen Katechismus. – In Zürich wurde 1966 die *Paulus-Akademie* bezogen, als Standort für ein weltanschauliches Forum mit modernen Zeitthemen, ein heutiger *Areopag* für den Grossraum Zürich, ferner das *Centrum 66*, eine Art «Zürcher Vatikan». Beides waren Spätwerke des legendären Zürcher Generalvikars Alfred Teobaldi (Generalvikar 1956–1970). Und beides war möglich geworden durch das Zürcher Kirchengesetz von 1963 (auch ein Verdienst von Teobaldi), das der katholischen Kirche die staatliche Anerkennung brachte und reiche finanzielle Mittel.

Zum Schluss ein bezeichnendes Stimmungsbild aus Chur im Juli 1969. Auf Einladung von Bischof Johannes Vonderach und auf Initiative von Bischofsvikar Alois Sustar tagte auf dem «Hof» und im Hotel Marsöl das *Europäische Bischofssymposium*. Eine internationale Priestergruppe, die sich gleichzeitig in Chur im *Rätischen Volkshaus* eingenistet hatte, stahl den Bischöfen die Show, wie ein zeitgenössischer Berichterstatter kommentierte. Die Vernachlässigung der Fragen um das Priestersein am Zweiten Vaticanum holte nun die Bischöfe ein. Die Kommunikation zwischen den beiden Versammlungen harzte. Die demonstrierenden Priester verlangten die Aufhebung der Zölibatspflicht, die Ausübung eines Berufs neben der Seelsorgetätigkeit (das von Pius XII. fünfzehn Jahre früher erstickte Experiment der «Arbeiterpriester» stand Pate), und sie forderten für sich ein politisches Engagement für eine bessere Gesellschaft. Die Rebellenpriester hielten eine Freiluft-Vorlesung beim Eingangstor des Priesterseminars St. Luzi und schrieben einen Brief an «Bruder Paul VI. im Petrusamt».

Wir beenden den Rundblick. Wir versuchten, den Rahmen abzustecken, in den die Synode 72 eingebettet war. Das Unternehmen von 1972 bis 1975 konnte also nicht nahtlos an das Konzilsende von 1965 anknüpfen. Es gab keinen unveränderten *Anschluss mehr unter dieser Nummer*. Zu viel war geschehen und zu viel stand an.

## 2. Idee und Konzept der Synode 72

Die Schweizer Bischöfe beschlossen im März 1969, in allen Diözesen Synoden abzuhalten und diese auch gemeinsam vorzubereiten. Das Echo auf diese Ankündigung war vorerst enttäuschend gering. Dieser Beschluss entsprang nicht einem Bedürfnis oder gar Wunsch der «Basis», sondern die Initiative kam «von oben», und es bereitete eher Mühe, Anliegen und Inhalt zu kommunizieren. Der Begriff «Synode» war ein Fremdwort. Auch kirchlich beheimateten und praktizierenden Katholiken war er fremd. Das konnte ja keine Überraschung sein, weil Synoden kaum zum Erfahrungsschatz gehörten. Jahre später, 1980, führte das revidierte Kirchengesetz der Katholiken des Kantons Zürich die Synode als kirchliches Parlament ein. Aber dieses Gremium verwaltet die «zeitlichen Güter» und nimmt auf die Pastoration nur indirckt Einfluss. Verkündigung und Liturgie gehören ohnehin nicht zu seinem Kompetenzbereich. – In der evangelisch-reformierten Kirche der Schweiz war die Institution Synode vertrauter. Die reformierte Landeskirche von Graubünden beispielsweise führt seit dem 16. Jahrhundert jedes Jahr eine mehrtägige Pfarrersynode durch, die neben anderen Geschäften den Dekan wählt und Ordinationen vornimmt.

Ganz aus heiterem Himmel kam die Ankündigung nicht. Dass nach dem Abschluss des Zweiten Vatikanischen Konzils auch die Ortskirchen gefordert wurden, lag in der Luft. Die Frage war einzig, wie das Konzil nun an Ort und Stelle umgesetzt werden sollte.

Ein halbes Jahr nach Konzilsende, am 22. Mai 1966, hatte Bischof Johannes Vonderach in die Kathedrale Chur zu einer Konzilsfeier eingeladen. Dabei lancierte er die Idee, eine Diözesansynode abzuhalten, eine Absicht, die aber vorerst nicht weiterverfolgt wurde. An den vormittäglichen Festgottesdienst schloss sich am Nachmittag ein Festakt an. Bundesrat Ludwig von Moos hielt die Ansprache, in welcher er mit Hinweis auf das Leben von Bruder Klaus die Bedeutung der Laien als Mitträger und gestaltende Kräfte der Kirche herausstrich. Dann griff er einen schweizerischen Sonderfall auf, einen Stachel im Fleisch des helvetischen Staatskörpers. Bezug nehmend auf die Konzilserklärung über die Religionsfreiheit führte er aus, dass es auch in der Schweiz noch Dinge zu bereinigen gäbe. Allen war klar, dass er dabei die konfessionellen Ausnahmeartikel (Jesuitenverbot und Verbot, neue Klöster zu gründen) ins Visier nahm, die endlich 1973 – während der Synode – in einer Volksabstimmung von Volk und Ständen ersatzlos gestrichen wurden.[1]

Erst knapp drei Jahre später griff der Churer Bischofsvikar Alois Sustar die Idee seines Bischofs wieder auf und nahm mit seinen Amtskollegen Ivo Fürer von St. Gallen und Otto Wüst von Basel/Solothurn Kontakt auf. An einer Sitzung im Januar 1969 im Hotel Du Nord in Zürich – mündliche und schriftliche Quellen nennen zwei Daten, den 9. oder den 22. Januar – schlugen diese drei Bischofsvikare vor, eine Synode der Bistümer der deutschsprachigen Schweiz durchzuführen. Die drei zuständigen Bischöfe Johannes Vonderach (Chur), Josephus Hasler (St. Gallen) und Anton Hänggi (Basel/Solothurn) erwärmten sich für das Projekt. Der Generalvikar des Bistums Basel fühlte sich bei diesen Vorbereitungen übergangen. Man muss bedenken, dass das Amt des Bischofsvikars als eines engen Beraters und einer Vertrauensperson des Bischofs neu war, eine Erfindung des Konzils. Da konnte es zu einer Rivalität zwischen Bischofsvikaren und den alteingesessenen Generalvikaren kommen. Die Verstimmung im bischöflichen Ordinariat Solothurn gab den Anstoss zur Gründung der Deutschschweizerischen Ordinarienkonferenz (DOK), wie sich Ivo Fürer erinnert. Bischof Hänggi übertrug hierauf Anton Cadotsch die Organisation der Basler Synode, und dieser wurde dann auch zu deren Präsidenten gewählt.

Nun meldeten auch die Bischöfe aus dem französischsprachigen Raum und dem Tessin Interesse an einer Synode an. Dann ging eigentlich alles sehr rasch. Am 10. März 1969 beschloss die Schweizerische Bischofskonferenz (SBK) in Olten, in allen Bistümern der Schweiz eine Synode abzuhalten. Für den katholischen «Normalverbraucher» war ein anderer Beschluss der SBK wahrscheinlich wichtiger. Ab Ostern 1969 konnten die ersten Sonntagsgottesdienste am Samstagabend als Vorabendmesse gefeiert werden.[2]

An einer Pressekonferenz am 24. März 1969 wurde das Unternehmen mit einem weit ausholenden geschichtlichen Rückblick über Synoden erläutert und die pastorale Zielsetzung einer solchen Veranstaltung hervorgehoben. Aber die Ausführungen über die künftige Synode standen wieder im Schatten einer anderen Mitteilung. Die Bischöfe gaben die behutsame und sorgfältige Einführung von Bussfeiern bekannt, als Experiment zwar vorerst gedacht, aber doch wohl in der Annahme und Hoffnung, dass dieses pastorale Instrument die sich verschärfende Beichtkrise und die sich bereits abzeichnende Erosion der Beichtpraxis auffangen könnte. Dies solle nicht zur Last der Einzelbeichte geschehen, die psychologisch, pädagogisch und pastoral unübertroffen bleibe. Deshalb müsse in Katechese und Verkündigung alles vermieden werden, was zur Disqualifizierung der Privatbeichte führen könnte. Aber dessen ungeachtet dürfte die Entwicklung auf eine sakramentale Bussfeier hinauslaufen, so der Berichterstatter und Kommentator in der Schweizer Kirchenzeitung.[3]

Das Leitbild für die Synode war das Konzil, massgeschneidert auf den «Sonderfall Schweiz». Man wählte das Modell eines *kooperativen Föderalismus*. Der Schwerpunkt lag bei den Diözesen. Gesamtschweizerisch steckte man den zeitlichen und thematischen Rahmen ab. Die Schweiz stellt unabhängig von ihrer sprachlichen und kulturellen Vielfalt keine Kirchenprovinz dar. Wir haben keinen Erzbischof. Jeder Bischof ist, um einen alten historischen Begriff zu verwenden, «reichsunmittelbar», das heisst in diesem Kontext, direkt dem Papst unterstellt. Die Bischofskonferenz entspricht also mehr der alteidgenössischen Tagsatzung als dem heutigen Bundesrat. Die Kirche Schweiz ist föderalistischer als der schweizerische Bundesstaat. Die Kirchenorganisation ist dezentralisiert. Da drängte sich für den synodalen Prozess ein Spezialverfahren auf. Auf eine Kurzformel gebracht: Die Synode 72 wurde gesamtschweizerisch vorbereitet, in den Diözesen aber eigenständig durchgeführt, allerdings parallel und gleichzeitig und präzis synchron. In allen Bistümern wurden in der gleichen Session und am selben Tag die gleichen Vorlagen behandelt. Am Schluss wurde die Synode überdiözesan zusammengefasst. Fragen, welche alle Katholiken der Schweiz angehen, konnten, aber mussten nicht an die gesamtschweizerische Sitzung, welche in Bern tagte, delegiert werden. – Auf diese Weise unterschied man sich auch von Nationalsynoden wie dem holländischen Pastoralkonzil oder den Synoden der Bundesrepublik Deutschland, der DDR und Österreichs «Synodalem Vorgang», aber auch rein diözesanen Synoden in verschiedenen Bistümern Frankreichs. – Zwischen 1970 und 1994 fanden übrigens insgesamt über hundert Diözesansynoden in Mitteleuropa statt.[4] – Alois Sustar und Ivo Fürer waren für ein solches Projekt vorzüglich geeignet. Sie besassen nicht nur ein ausgesprochenes Organisationstalent, sondern verfügten auch über hervorragende internationale Beziehungen, waren sie doch hintereinander Sekretäre der Europäischen Bischofskonferenz. Fürer und Sustar waren die eigentlichen «Architekten» der Synode 72. Beide wurden später Bischöfe: Fürer in St. Gallen und Sustar Erzbischof von Ljubljana in Slowenien. Alois Sustar spielte zwanzig Jahre später bei der Sezession Sloweniens vom alten Jugoslawien eine ausgleichende und vermittelnde Rolle. Im Hintergrund standen auch Bundesrat Kurt Furgler und Ivo Fürer «beratend» zur Seite. Hilfreich war der Umstand, dass in Slowenien kaum Serben wohnten. Deswegen konnte sich Belgrad mit dem Abfall dieses westlichsten Teils abfinden. Slowenien kam mit einigen kurzen militärischen Scharmützeln davon.

Eigentlich hätte eine Landessynode von Rom abgesegnet werden müssen. Aber nach dem Konzil war ein «gewisses Vakuum im Kirchenrecht», so der Kirchenrechtler Ivo Fürer. Wie auch immer, man unterliess eine Anfrage im Vatikan. Zudem war der damalige Präsident der Schweizer Bischofskonferenz, der Walliser Bischof Nestor Adam, selbständig und verrichtete knappe, aber zielgerichtete Arbeit. Er war zwar konservativ und papsttreu, aber – wiederum nach Bischof Ivo Fürer – als Mann aus dem Aostatal auch antirömisch akzentuiert. Die französischsprachigen Aostataler stellen sich zu Rom analog wie die deutschsprachigen Südtiroler. – Erst in der Halbzeit der Synode, anfangs 1974, als Ivo Fürer die zuständigen Behörden in Rom über die Synode informierte, wurde ihm vorgehalten, dass das Synodenstatut von Rom hätte genehmigt werden müssen.

Die Bischofskonferenz trat die Vorbereitung an eine Interdiözesane Vorbereitungskommission (IVK) ab, die erst im Januar 1970 erstmals zusammentrat. Sie wurde mit Beginn der Synode im Herbst 1972 von der Koordinations-Kommission abgelöst. Die Hauptaufgabe der IVK war die Erstellung des Rahmenstatuts und insbesondere des Themenkatalogs in Absprache mit der Konferenz der Bischofsdelegierten (KBD), die wiederum ein eigenes Gremium bildete und die Beschlüsse ausführte.

Es erfolgte eine gross angelegte Vernehmlassung beim Kirchenvolk. Alle Katholiken wurden mittels einer riesigen Briefaktion konsultiert. Ende 1969 liessen die Bischöfe über 1,3 Millionen Briefe an die Gläubigen verteilen und forderten sie auf, ihre Anliegen und Wünsche mitzuteilen. Alles wurde registriert, gesiebt und verarbeitet. Mit Hilfe des Pastoralsoziologischen Instituts St. Gallen wurde die Themenliste erarbeitet. Aus der ganzen Schweiz gingen mehr als 150 000 Antwortkarten und 10 000 persönliche Briefe bei den Bischöfen ein. Wenn man bedenkt, dass auch Familien und Personengruppen ihre Antworten eingaben, kommt man auf eine «Stimmbeteiligung» von über 330 000 Personen. Im Prä-Computer-Zeitalter geschah die «Wortmeldung» mit vorgedruckten «Lochkarten». Die Stimme der «Basis» sollte auch für die künftige Synode die Basis bilden. Und die war in der Tat sehr vernehmlich.[5]

Es war mit der Planung vorprogrammiert, dass die Synode 72 zu einem kirchlichen Grossereignis heranwuchs. Sie brachte eine noch nie in der Geschichte der Kirche Schweiz dagewesene Zusammenarbeit zwischen der deutschen, der französischen und der italienischen Schweiz. Die Brücke über den *Röstigraben* trug, und auch der *Polentawall* des Gotthards war kein Hindernis. Die Synode erbrachte eine Konzentration von Professoren der Theologischen Fakultäten und Priesterseminarien, die verheissungsvoll war. Die zahlreichen Zuschauer bei den Sessionen, die öffentlich waren, wie es sich für ein Parlament gehört, zeigten das nicht erloschene Interesse am kirchlichen Leben.

Auch ökumenisch wollte die Synode ausgerichtet sein und sich nicht mit freundlichen Grussadressen begnügen. Der Präsident der Bischofskonferenz schrieb den Präsidenten des Schweizerischen Evangelischen Kirchenbundes und den Bischof der Christkatholischen Kirche an. Kurz nach dem Konzil, 1966, hatten die Bischofskonferenz und der Evangelische Kirchenbund eine Gesprächskommission auf Landesebene mit den Professoren Heinrich Stirnimann aus Freiburg und Max Geiger aus Basel als Ko-Präsidenten bestellt. An einer späteren Tagung fand der christkatholische Bischof Anschluss. In den ersten Jahren ihrer Tätigkeiten stachen hochkarätige Theologen wie Karl Barth und Hans Urs von Balthasar hervor. Am 21. Juni 1971 wurde in der Aula des ehemaligen Konzils von Basel die «Arbeitsgemeinschaft Christlicher Kirchen» (AGCK) aus der Taufe gehoben. Meilensteine auf dem frühen Weg des Miteinanders waren das Entgegenkommen der katholischen Kirche in der Mischehenfrage (1970) und die einvernehmliche gegenseitige Anerkennung der Taufe (1973) – deutliche Signale vor und während der Synode. – Die Adressaten antworteten «postwendend». Die nichtkatholischen Beobachter der Schwesterkirchen bildeten eine feste «Fraktion» während der Synode 72, auch als Berater in Sachkommissionen.

Die *Diözesansynode* war in gewissem Sinn die zeitlich befristete Erweiterung des *Priesterrats*. Während die Veranstaltung einer Diözesansynode dem Belieben des Bischofs anheim gestellt ist, verpflichtet ihn das Zweite Vaticanum, einen Priesterrat als permanentes Gremium einzusetzen, wenn dieser auch nur beratende Stimme hat. Dieses Grundsystem zieht sich durch die ganze katholische Kirchenverfassung. Auf Pfarreiebene ist der *Pfarrer* der einzige Gesetzgeber. *Pfarreiräte* sind fakultativ und haben nur beratende Funktion. Auf Bistumsebene fungiert der Bischof als einziger Gesetzgeber. Priesterrat oder Synoden müssen zwar angehört werden, können aber bloss beraten und empfehlen. In der Universalkirche ist ein *Allgemeines Konzil* nur mit dem *Papst* zusammen beschlussfähig. Ohne den Papst ist es nichts. Er allein besitzt die Kompetenz, ein solches einzuberufen oder abzubrechen. Und die römische Bischofssynode, die nach dem Konzil im Sinn der kollegialen Mitverantwortung aller Bischöfe für die Gesamtkirche institutionalisiert wurde, kann ohne päpstliche Einwilligung und ohne päpstliches Plazet nichts besprechen und nichts entscheiden. Das «Hirtenamt» läuft in der katholischen Kirche auf allen Ebenen auf eine monarchische Spitze zu. Diese Struktur wurde seinerzeit am Ersten Vatikanischen Konzil 1869/70 mit der Definition des päpstlichen Primats festgemauert, der besagt, dass der Bischof von Rom die unmittelbare und unbeschränkte Vollmacht sowohl in der Universalkirche als auch in jeder Lokalkirche besitzt.

Würdigt man bereits an dieser Stelle die Aktivität der Synode, stellt man verblüfft fest, dass trotz dieser Einschränkung, die einer Behinderung gleichkommt, diese lebhafte Kirchenversammlung, diese Mixtur aus Klerus und Laien sich zu keiner Zeit entmutigen liess, von einzelnen Synodalen abgesehen. Oder liegt das Geheimnis der Fruchtbarkeit der «real existierenden katholischen Kirche» unter anderem gerade auch in dieser permanenten Spannung zwischen Zentrale und Kirche vor Ort, zwischen Lehramt und pastoralen Anliegen, zwischen petrinischem Granit und johanneischem Geist? Sie ist nicht weg zu reden, diese überraschend schöpferische Unruhe, manchmal auch Unrast, die unter Druck eine reiche, vielfältige Theologie und eine belebende Spiritualität hervorbringt, um die sie andere Kirchen gelegentlich beneiden.

## 3. Wahlen – Spagat
## zwischen Vorgabe und Auswahl

Die Wahlen der Delegierten zur Synode 72 waren ein Unikum. Ein derartiges Vorgehen gab es niemals zuvor, und es erlebte bis heute keine Nachahmung. Wir schauen uns das Wichtigste aus dem «Rahmenstatut», das für die ganze Schweiz Gültigkeit beanspruchte, näher an. Jede Diözesansynode sollte höchstens 200 Synodalen umfassen. Das Mindestalter wurde auf 16 Jahre festgelegt. Jünger ging es in der Tat nicht mehr. Die Synode musste zur Hälfte aus Priestern und Ordensleuten und zur Hälfte aus Laien bestehen. Das war nicht ganz nach dem Buchstaben der Bestimmungen über Diözesansynoden. Die Priester waren damit unter fünfzig Prozent vertreten.

Für die Zusammensetzung waren folgende Anteile anzustreben: Die Priester und Ordensleute mussten zu zwei Drittel in der Pfarreiseelsorge tätig sein, von diesen wieder zehn Prozent in der Gastarbeiterseelsorge. Die Ordensleute hatten sich ihrerseits hälftig zu teilen in Priester und Brüder einerseits und Schwestern andererseits.

Von den zu wählenden Laien sollte mindestens ein Drittel der Mandate an Frauen gehen, mindestens ein Fünftel an Jugendliche exakt zwischen 16 und 25 Jahren und ein Siebtel an Gastarbeiter. Für Senioren über 60 oder ähnlich war bezeichnenderweise nichts vorgesehen. Die Kirche sollte offensichtlich verjüngt werden. Dem Bischof stand nach vorgängigem Anhören der diözesanen Vorbereitungskommission ein Berufungsrecht von ungefähr 10 Prozent der Synodalen zu. Die Synodalen wurden für die gesamte Dauer der Synode gewählt. Bei vorzeitigem Ausscheiden wurde nachgerückt oder nachgewählt. Die Synodalen waren an keine Weisungen gebunden.

Der Wahlmodus war also ein ausgeklügeltes System mit Quotenregelungen, die zweifellos in gewisser Hinsicht repräsentativ waren, aber auch die Grenzen des Machbaren und Sinnvollen erreichten. Nach Ansicht von Willy Kaufmann stellte sich deswegen eine gewisse Legitimitätsfrage. Das Gewicht der Vorgaben belastete die Wahlmöglichkeiten.

Die Synodalen wurden nicht alle nach dem gleichen Schema gewählt. Priester und Ordensleute wählten ihre Vertreter grundsätzlich selbst. Die Laien wurden indirekt, das heisst durch «Elektoren» gewählt. Der Begriff war von den amerikanischen Präsidentenwahlen bekannt. Jede Pfarrei wählte entsprechend ihrer Bevölkerung Elektoren. Die Elektoren galten ihrerseits als vorgeschlagen, wenn sie nicht ausdrücklich darauf verzichteten. Die eigentliche Wahl der Laiensynodalen erfolgte durch die Versammlung der Elektoren.[6]

Die Wahlbeteiligung war insgesamt schwach, in Einzelfällen auch erfreulich hoch. Wenn man sich die Einmaligkeit des Unternehmens und die damit verbundene grosse Öffentlichkeitsarbeit vor Augen hält, stand sie hinter den Erwartungen zurück. Das hing sicher nur zum Teil mit diesen Einschränkungen zusammen. Die kirchliche Grosswetterlage war zu dieser Zeit im Vergleich zum gewaltigen Frühlingswehen gut zehn Jahre früher – besonders zwischen Ankündigung und Beginn des Konzils – eher bewölkt bis bedeckt. Das Interesse an kirchlichen Dingen war massiv zurückgegangen.

Während im Frühjahr 1972 die Vorbereitungen für die Synode auf Hochtouren liefen, machte eine Eingabe von Theologen, mehrheitlich aus dem deutschsprachigen Raum, von sich reden. Die Überschrift des Manifests lautete: *Wider die Resignation in der Kirche.* Eingangs hiess es: *Die katholische Kirche befindet sich mitten in einer vielschichtigen Führungs- und Vertrauenskrise. Bereits die dritte römische Bischofssynode ist, sechs Jahre nach dem Zweiten Vatikanischen Konzil, ohne greifbare Ergebnisse zu Ende gegangen.* Dringende Fragen blieben liegen, das Zölibatsgesetz sei unverdientermassen zur *Testfrage der Erneuerung der Kirche* geworden. Immer mehr Priester gäben das Amt auf, und der Nachwuchs nähme quantitativ und qualitativ ab. Die Bischofskonferenzen stünden ratlos und ohne Profil in der ekklesialen Landschaft. Und dann das harte Wort: *So ist denn die Glaubwürdigkeit der katholischen Kirche, die zu Beginn des Pontifikats Pauls VI. höher war als vielleicht je in den letzten 500 Jahren, in einem beunruhigenden Ausmass abgesunken.* Die Kirche bliebe nicht bloss hinter der Zeit, sondern auch hinter ihrem eigentlichen Auftrag zurück. Das *kirchliche System* trage immer noch *zahlreiche Züge eines fürstlichen Absolutismus.* Darum könne man nicht schweigen. Die Gemeinden müssten handeln und zur Selbsthilfe greifen. *Ein Pfarrer in der Diözese zählt nicht, fünf werden beachtet, fünfzig sind unbesiegbar.* Zwischenlösungen seien anzustreben, Notstandsmassnahmen zu ergreifen. Die Eingabe fokussiert sich dann trotz des angeblich *peripheren Zölibatsgesetzes* auf die damit verbundenen Probleme. Bis zu einer gesamtkirchlichen Lösung sei es sinnvoll, wenn Ex-Priester nicht (mehr) der Eucharistie vorstünden, aber sie sollten wie verheiratete Diakone oder Laientheologen in den Gemeinden weiter angestellt werden. Aber auch Fragen um die Bischofswahl stellten sich immer dringlicher. Zu den 33 Theologen, die den Aufruf unterzeichneten, zählten: Alfons Auer (Tübingen), Franz Böckle (Bonn), Viktor Conzemius (Luzern), Norbert Greinacher (Tübingen), Herbert Haag (Tübingen), Walter Kasper – heute Kardinal – (Tübingen), Hans Küng (Tübingen), Johann Baptist Metz (Münster), Edward Schillebeeckx (Njimegen), Stephan Pfürtner (Freiburg/Schweiz). Aus Chur unterschrieb niemand, weil es bei der Verteilung eine Panne gab. – Der vatikanische Präfekt der Glaubenskongregation, Kardinal Gabriel Garrone, und die deutsche Bischofskonferenz reagierten umgehend beleidigt, die Vorwürfe von sich weisend (auch wenn die Kirche immer reformbedürftig bliebe) und die Vorschläge zurückweisend.[7]

# 4. Themen und Termine

Die Synode 72 nahm sich viel vor und nahm sich Zeit. Das Zweite Vatikanische Konzil hatte eine gewaltige Themenliste, ging aber ohne Zeitplan ans Werk. Daraus wurden drei Jahre. Die Synode legte sich in auffälliger Analogie zum Konzil 1962–65 nun ihrerseits auf drei Jahre fest: 1972–1975. Diese Vorgabe war von Anfang an klar. Eine Verlängerung wurde nie in Betracht gezogen. Ein Milizparlament hat aber keine Zeit zu verschwenden. Man schränkte sich auf zweimal vier Tage pro Jahr ein. Die Sessionen fanden jeweils vom Donnerstag bis Sonntag statt und rissen somit die Berufstätigen nur für zwei Tage aus ihrem Arbeitsrhythmus. In die Frühlingssession bezog man immer den Donnerstag von Christi Himmelfahrt mit ein. Das ging zunehmend ohne Ausfälle, weil viele Betriebe über Auffahrt eine Feiertagsbrücke schlugen. Beginnend mit der Novembersession 1972 kam man mit diesem Fahrplan auf sieben Sessionen, zusammengezählt auf achtundzwanzig Verhandlungstage. Dazu kamen natürlich viele Kommissionssitzungen und die je nach Funktionen, Interesse und Einsatz unterschiedliche Inanspruchnahme der einzelnen Synodalen.

Man deckte die Synode mit Inhalten allgemeiner Art ein. Alle aber bargen unterschiedlich Zündstoff. Nur war dieser eingelagert, man musste ihn erst freilegen, wie das Uran aus den Erzen, bevor es seine Sprengkraft entwickelt. Hätte man die Synode auf akute Probleme und brenzlige Fragen und Forderungen eingegrenzt, wäre natürlich vieles dynamischer, heftiger, sicher spannender, aber gewiss auch unberechenbarer verlaufen und hätte unweigerlich die Synode gespalten, und man hätte wohl kaum drei Jahre durchgehalten. Das konnten und wollten sich die Regisseure unmöglich leisten. Die brisanten Dinge waren also verpackt. Die Synode redete und debattierte, weit und breit ausladend, buchstäblich über alles und jedes, was das Wesen des Christentums ausmacht, und was Verstand und Gemüt der *anima catholica* bewegt.

Der Themenkatalog umfasste zwölf Sachbereiche. Eine stattliche biblische Zahl. Es waren dies:

(1) Glaube und Glaubensverkündigung heute
(2) Gebet, Gottesdienst und Sakramente im Leben der Gemeinde
(3) Kirchlicher Dienst
(4) Kirche im Verständnis des Menschen von heute
(5) Ökumenischer Auftrag in unseren Verhältnissen
(6) Ehe und Familie im Wandel unserer Gesellschaft
(7) Die Verantwortung des Christen in Arbeit und Wirtschaft
(8) Soziale Aufgaben der Kirche
(9) Beziehung zwischen Kirche und politischen Gemeinschaften
(10) Mission als Verantwortung der Kirche in der Schweiz für Verkündigung, Entwicklung und Frieden
(11) Bildungsfragen und Freizeitgestaltung
(12) Information und Meinungsbildung in Kirche und Öffentlichkeit

Die Interdiözesane Vorbereitungskommission (Isako) bediente die Diözesansynoden mit den Vorlagen. Sie lieferte die Grundlagenpapiere. Die Diözesanen Sachkommissionen (DsaKo) bearbeiteten die Entwürfe, ergänzten sie oder änderten sie ab. Für die an die gesamtschweizerische Synode abgegebenen Traktanden leistete die Schweizerische Sachkommission (SchwSaKo) die Stabsarbeit. Die Synode 72 wurde – und das war sicher auch beabsichtigt – eine gross angelegte *nationale Katechese* für eine «handverlesene», ad hoc berufene Gemeinde, für ein gewiss nicht elitäres Publikum, aber doch insgesamt für Männer und Frauen, denen Glaube und Kirche in verschiedener Form und Intensität am Herzen lagen. Gottesdienste und Gebete rahmten den geschäftlichen Ablauf spirituell ein. Die Predigten und Homilien verliehen den Verhandlungen eine geistliche Weihe.

Man kann auch ein anderes Bild nehmen. Die Synode wurde eine Art *theologische Volkshochschule* mit dem Charakter eines *dogmatischen* und *pastoralen Seminars*. Man arbeitete an und mit Vorlagen, belehrte und beriet sich gegenseitig, feilte am Text, den einzelnen Haupt- und Nebensätzen, rang um die passenden, aber auch schönen Adjektive, als würde und müsste man sich auf Jahrhunderte hinaus genau und definitiv festlegen. Man tat und bemühte sich so, als würden die Aussenstehenden wie Zuschauer in einer Arena darauf brennen, diese wohl formulierten und gefälligen Texte in Händen zu halten, um sich gebührend darin zu finden. So erhielt die Synodenarbeit auch im eigentlichen Sinn des Wortes eine *spielerische* Note, weil es Spielende auszeichnet, mit einem gehörigen Schuss Eros, mit Ernst, Hingabe, kreativen Einfällen und einem auf ausgefeilte Details versessenen Elan ans Werk zu gehen.

Die Synode bildete für drei Jahre eine Art *Kerngemeinde* der Ortskirche, eine *ecclesiola*. Sie war dazu berufen und beauftragt, Zeugnis für die Volkskirche abzulegen, theologische Weisungen weiterzureichen und pastorale Hilfestellungen anzubieten. Die verabschiedeten Synodenpapiere gewannen in etwa den Charakter eines *Erwachsenenkatechismus*, der in einer zeitgemässen und verständlichen Sprache Glaubensfragen und Kirchenverständnis mit ökumenischer Ausrichtung darbietet. Dem diente ferner ein gebündeltes Paket mit Richtlinien für Ehe, Familie und Sexualität angesichts sich wandelnder Werte. Dazu kamen Überlegungen für das ethische Verhalten in einer Industrie- und Wohlstandsgesellschaft. Alles in allem eine solide Orientierung und Ausrichtung für Gegenwart und Zukunft, die Umsetzung des Zweiten Vatikanischen Konzils auf Bistums- und Landesebene.

## 5. Kirchenparlament auf Zeit

Die Synode 72 war eine absolute Premiere. Es gab nichts Vergleichbares in der Geschichte des Schweizer Katholizismus. Die typisch volkskirchlichen Elemente der neueren Kirchengeschichte, der Vereins- und Verbandskatholizismus, die Einbeziehung der Laien konnten 1972 bestenfalls auf 170 Jahre zurückblicken. Die Synode war ein Ereignis singulären Charakters und anderseits eine Veranstaltung von längerer, aber bemessener Frist mit festen Regeln und Strukturen. Zu keinem Zeitpunkt war damit eine Dauereinrichtung geplant. Die Synode hatte den Zweck, Analysen und Anstösse zu liefern, die für die nahe und ferne Zukunft vorhalten sollten.

Die eintägige Ouvertüre, die Konstituierende Sitzung, fand in allen Schweizer Diözesen am Samstag, den 23. September 1972 statt. Es war die Woche nach dem Eidgenössischen Dank-Buss- und Bettag. Das Bistum Chur wählte dafür die «grösste katholische Stadt», das hiess Zürich. Für den restlichen Verlauf aber tagte die Synode in der Bischofsstadt Chur. Hier befand sich auch das «Büro» mit Präsidium und Sekretariat.

Bischof Johannes Vonderach predigte im Eröffnungsgottesdienst über die johanneischen Worte von Wahrheit, Licht und Leben. Der Synode sei es aufgegeben, die Wahrheit gemeinsam neu zu suchen. Die Liebe müsse der Raum der Versammlung sein, die in der Gemeinschaft der Kirche bleiben wolle.

Bischof Anton Hänggi proklamierte das Programm der Basler Synode in der Kathedrale Solothurn: *Das Gottesvolk der Diözese erneuert seinen Bund mit Gott.* Man müsse den Menschen von heute im Auge haben auf dem gemeinsamen Weg zu Christus. Bischof Pierre Mamie bekannte in Freiburg, dass wir alle auch Angefochtene im Glauben seien, und wies den Synodalen die Plätze bei den *Geringen* unter den Jüngern Jesu zu. Bischof Joseph Hasler übergab in St. Gallen den Synodenvorsitz symbolisch dem Heiligen Geist, sein Amtsbruder Bischof Nestor Adam von Sitten sprach in mystischen Worten vom Innewohnen Gottes in der Seele und setzte im Übrigen auch ganz auf Gottes Geist. Der Tessiner Bischof Giuseppe Martinoli gab in Lugano die Devise aus, die Synode müsse zuhören können und zugleich zupacken.

*Abb. 1:* Bischof Johannes Vonderach beim Eröffnungsgottesdienst in der Maria-Krönung-Kirche Zürich-Witikon.

Nach dem Gottesdienst in der sieben Jahre zuvor geweihten Maria-Krönung-Kirche Witikon auf dem Zürichberg zog die Churer Synode in die angegliederte Paulus-Akademie. Bischofsvikar Alois Sustar wurde zum Präsidenten gewählt. Das war gewiss keine Überraschung. Als Vizepräsidentin wurde Helen Broggi-Sacherer aus Adliswil erkoren, ein deutliches Startzeichen für die Stellung der Frau in dieser Kirchenversammlung. Zu Verhandlungsleitern wurden bestimmt: Willy Kaufmann, Fernsehmann und Publizist aus Bassersdorf, Rechtsanwältin Elisabeth Blunschy-Steiner aus Schwyz, die spätere erste Nationalratspräsidentin (bald durch Abt Georg Holzherr von Einsiedeln ersetzt) und der Zürcher Gerichtsschreiber Albert Gnägi. Das Sekretariat übernahm Theologieprofessor Josef Trütsch, tatkräftig unter-

stützt durch die Ingenbohler Schwester Marionna Theus vom bischöflichen Ordinariat Chur.[8]

*Abb. 2:* Der Vorstandstisch: Präsident Alois Sustar, Bischof Johannes Vonderach, Vizepräsidentin Helen Broggi-Sacherer (hin-
ten von links nach rechts); am Mikrophon Josef Pfammatter,
rechts im Bild Sekretär Josef Trütsch.

Der zweite Churer Bischofsvikar Karl Schuler hat die erste Session der Synode 72 vom 23.–26. November 1972 natürlich vor
allem aus der Churer Perspektive atmosphärisch eindrücklich ge-
schildert. Er schrieb von der ungewohnten Erfahrung, die Kirche
einmal als Parlament zu erleben. Oder theologisch formuliert:
Die Synode wollte bewusst Kirche sein, Versammlung des Gottesvolkes, mit offenen Ohren für das Wort des Herrn und auch bereit, aufeinander zu hören, Gemeinschaft zu zelebrieren und zu
verwirklichen. Das allgemeine Priestertum aller Getauften und
Gefirmten sollte konkret werden in der Arbeit und Verantwortung für die Ortskirche. Für drei Tage war Gleichberechtigung
angesagt. Die Bischöfe hielten sich zurück oder griffen überhaupt
nicht in das Geschehen ein.[9]

*Abb. 3:* Die Verhandlungsleiter, Albert Gnägi und Willy Kaufmann

Man kam nicht zusammen, um die Polarisierung zu verschärfen oder gar auszutoben. Die Bereitschaft, aufeinander zuzugehen, war offenkundig. Man unterwarf sich geduldig und lernwillig den parlamentarischen Regeln und dem Ritual mit Wahlen, Eintretensdebatten, Anträgen, Abstimmungen und Rückkommensanträgen. Jede Vorlage wurde erst nach einer zweiten Lesung verabschiedet. Man schätzte gerade auch in Chur die Kompetenz einer effizienten Verhandlungsleitung. Es handelte sich ja um das Novum eines kirchlichen «Milizparlamentes», und man profitierte davon, wenn Einzelne, die von der Politik oder vom Management kamen, einen Erfahrungsvorsprung in der Geschäftsführung hatten.

Der parlamentarische Betrieb war gesamtschweizerisch vorgesehen. Aber dem Churer Präsidenten Alois Sustar war sehr daran gelegen, dass er auch klappte. Er stand in Verbindung mit dem damaligen Bundeskanzler Karl Huber in Bern. Huber war einmal zu Besuch in Chur und stellte der Synode ein gutes Zeugnis aus, wie Sr. Marionna Theus sich erinnert. Nach ihrer Kenntnis pflegte Sustar auch Kontakte mit den CVP-Bundesräten Kurt Furgler und Hans Hürlimann.

Was Präsenz und Disziplin der Delegierten betraf – und das galt für die ganze Dauer der Synode – hätte sich manches Parlament ein Beispiel nehmen können. Auch die Vielsprachigkeit musste eingeübt werden. Für Chur hiess das faktisch, auf die italienischsprachige Minderheit Rücksicht nehmen, was mit etwas mehr Zeitaufwand elegant gelöst wurde. Da war auch für unfreiwillige Heiterkeit gesorgt. In Chur erwähnte ein konzelebrierender Spanierseelsorger, der vermutlich zum ersten Mal ein deutsches Hochgebet vor sich hatte, die «Grossmutter Maria» (statt «Gottesmutter»). Er wurde deswegen nicht vor die Inquisition zitiert.

# 6. Der Tagungsort Chur:
## Das Saalhotel Marsöl am «Tempelberg»

Chur hat etwas zu bieten, einen «Strauss voller Möglichkeiten», wie der Poststempel seit vielen Jahren verspricht. Wer mit der Seilbahn auf den «Hausberg» der Stadt, den Pizoggel fährt, dem präsentiert sich aus der Vogelperspektive, prägnant herausgehoben, die Altstadt, die am östlichen Ende in drei Stufen ansteigt. An einer ersten leichten Erhöhung steht die Martinskirche, in der Johannes Comander die Reformation einführte. Dahinter befindet sich neben dem Rätischen Museum das Hotel Marsöl, das dem Domkapitel gehört und die Synode beherbergte. Die anschliessende Treppe führt durch das Tor der Hofkellerei auf die zweite Stufe zum Hofplatz, der bis in die Mitte des 19. Jahrhunderts «exterritorial» war: eine Art kirchliches Ausland, bei den protestantischen Churern umstritten, aber widerwillig toleriert. Dort steht die Kathedrale und das bischöfliche Schloss. Auf der dritten Stufe schliesslich erhebt sich die St. Luzikirche mit Priesterseminar und Theologischer Hochschule, in friedlicher Nachbarschaft zur Bündner Kantonsschule.

Allgemein, trotz spätherbstlicher Düsternis, herrschte im grossen Saal des Hotels Marsöl unterhalb des «Hofes» und der Kathedrale eine heitere Stimmung vor. Dem Zuschauer präsentierte sich das Ganze gelegentlich eher als brave Schulklasse denn als Gefäss einer streitbaren Kirche. Ein im übrigen kritischer Synodale drückte am Schluss des ersten Verhandlungsmarathons unter grossem Beifall der Versammlung die persönliche Empfindung, ja Begeisterung in einem spontanen Geständnis aus: *Seit meiner Primiz vor 31 Jahren habe ich nie mehr so viel Freude an meiner Kirche gehabt wie in diesen vier Tagen.*

Der Saal war gross, aber hatte nichts von einem parlamentarischen Ambiente. Auf dem Podium sass der Bischof, eingerahmt vom Synodenpräsidium, dem Verhandlungsleiter und dem Sekretariat. Man sass hintereinander an Tischen. Die Votanten begaben sich nach vorne zum Mikrofon. Fraktionen existierten nicht. Die Sitzordnung war strikt alphabetisch. Kleriker und Laien, Domherren und Klosterfrauen, Professoren und Studenten sassen bunt neben- und hintereinander, wie es sich eben aufgrund des Namensschildes ergab. Diese Platzanweisung gab ein Gefühl von Gleichberechtigung und verstärkte das demokratische Prinzip. Es wurden auch normalerweise bewusst keine Titel gebraucht. Im Rahmen der Versammlung und während den Debatten fühlten sich alle gleichrangig, und an die limitierten Redezeiten hatten sich, unabhängig von Amt und Würde, alle zu halten.

*Abb. 4:* Synodensitzung im grossen Saal des Hotels Marsöl.

Es gab vor allem zu Beginn auch skeptische Regungen und Stimmen. «Was soll das Ganze?» «Was bringt es?» Auch einfache

Neugier stand im Raum. Einzelne erwarteten wenig bis nichts. Ein Pfarrer, der später an die Synode nachrückte, schickte anfänglich demonstrativ die Unterlagen, die an die Pfarrämter gingen, zurück. Aber die nachkonziliare Aufbruchstimmung war noch nicht völlig abgeflaut. *Synode* heisst wörtlich übersetzt *gemeinsamer Weg*. Die Synode profitierte auf ihrem Marsch noch vom Rückenwind des Konzils.

Übereinstimmend schildern ehemalige Churer Synodalen die Atmosphäre aufs Ganze als gelöst und entspannt. Vor allem im Synodenpräsidium soll es geistreich und witzig zu und hergegangen sein. Es wurde viel gelacht, so wird berichtet. Zwischenhinein, in den Pausen entlud sich gelegentlich explosive Fröhlichkeit. Es gab zwei Ausgänge aus dem «Plenarsaal». Einer führte in den Garten des Restaurants Marsöl. Gestandene Pfarrer tollten in frühwinterlicher Landschaft wie wilde Buben herum und lieferten sich eine Schneeballschlacht, ein Schnappschuss, den Raphaela Gasser im Gedächtnis behalten hat.

Das Programm war ein gerütteltes Mass an konzentrierter Arbeit, und es war eine Beschäftigung, die für viele fremd war. In den Plenarversammlungen verbrachten die Synodalen die meiste Zeit passiv zuhörend, vor allem für Kirchenmänner eher eine ungewohnte Anstrengung, gelegentlich vermischt mit Langeweile und Ungeduld. Wie konnte es anders sein. Ein wichtiger Faktor waren die gemeinsamen Mahlzeiten. Dafür musste man in das etwa dreihundert Meter entfernte Hotel Drei Könige dislozieren. Das gab Bewegung in den streng normierten Tagesablauf und brachte die Synode ins Bild der Churer Altstadt. Auch Unbeteiligte kamen an den mehrheitlich feierlich und dunkel gekleideten Gestalten nicht vorbei. Während zweimal vier Tagen im Jahr sah die Stadt des Reformators Comander Einsiedeln ähnlich, oder man fühlte sich beinahe nach Rom versetzt. Es gab beim einheitlichen Mittag- und Abendessen keine vorgegebene Tischordnung und auch keinen Präsidialtisch. So lernte man sich bei informellem Gespräch zwischen Suppe und Hauptgang besser kennen. Mit der Zeit entstand ein wertvolles Netzwerk von Bekanntschaften.

Ganz unumstritten war der Tagungsort Chur nicht. Einige Synodalen hätten sich auch eine Abwechslung gewünscht, beispielsweise eine Session in Zürich. Aber da meldeten sich auch Ansprüche aus den Urkantonen, war doch Schwyz im Unterschied zur übrigen Urschweiz, Glarus und Zürich Kerngebiet des Bistums. Man blieb am Bischofssitz.

Ausflüge halfen der Eintönigkeit ab. Einmal lud das liechtensteinische Fürstenhaus zum Empfang auf Schloss Vaduz. Fürstin Gina war Gast an der Synode. Ein andermal war das Dominikanerinnenkloster in Ilanz Gastgeber. In der Eucharistiefeier in der fast brandneuen Klosterkirche predigte mit Billigung des Bischofs die Synodale und ortsansässige Schwester Raphaela Gasser. Und anschliessend begab sich der ganze Synodentross zum gemeinsamen Mahl mit den Schwestern ins Refektorium – in die klösterliche Klausur. Das bekam dem klösterlichen Klima und lockerte die Spannung zwischen «Konservativen» und «Progressiven» in der Schwesterngemeinschaft.

# 7. Faire Streitkultur

Die *Parrhesia*, auf deutsch: die Freimut der Rede, zeichnete nach der Apostelgeschichte die Verkünder des Evangeliums aus. Petrus und Paulus traten ohne Menschenfurcht vor den jüdischen und römischen Autoritäten und Machthabern auf. Die mutige und freie Rede im Kreis der «Apostel und Ältesten» bestimmte auch das «Apostelkonzil», worüber Kapitel 15 der Apostelgeschichte berichtet. Und Paulus als Juniorapostel bewährte sich in freimütiger Rede gegenüber dem Seniorapostel Petrus, weil dieser sich ins Unrecht setzte, wie Paulus hinzufügt. Paulus trat Petrus offen entgegen (Brief an die Galater 2,11).

In der katholischen Kirche – und nicht nur in ihr – lag und liegt die freie Rede oft im Clinch mit dem, was an «Ehrfurcht und Gehorsam» gefordert wird, als ob zwischen diesen christlichen Grundhaltungen ein Widerspruch bestünde. Aber bei den vielen petrinischen Stellen des neuen Testaments ist die eben angeführte nicht zu unterschlagen und wird zu Recht angeführt, wenn es darum geht, die Legitimität von Kritik und Opposition auch einem Papst gegenüber zu verteidigen. Und dieser Passus steht generell für die «Freiheit des Christenmenschen», mit offenen Worten Amtsträger und Vorgesetzte zur Rede zu stellen. Das ist ja auch in der Vergangenheit immer wieder geübt worden, allerdings oft um den Preis nachträglicher Benachteiligung. Nicht selten ging es gar um Kopf und Kragen.

Das Kirchenrecht, der Codex Iuris Canonici von 1983, hat das Recht oder gar die Pflicht der «Gläubigen» auf freie Meinungsäusserung zwar offiziell festgehalten, unter Wahrung der «Unversehrtheit des Glaubens» und der «Ehrfurcht gegenüber den Hirten» (Can. 212). Can. 218 gewährt den Theologen akademische Freiheit, aber gleichzeitig wird ihnen der «schuldige Gehorsam gegenüber dem Lehramt der Kirche» in Erinnerung gerufen. In der «Instruktion über die kirchliche Berufung des Theologen» der römischen Glaubenskongregation vom 24. Mai

1990 hat indes «Dissens» gegenüber dem kirchlichen Lehramt kein Existenzrecht.[10]

Im synodalen Bereich hat sich im Verlauf der Geschichte in der katholischen Kirche die «Parlamentarische Immunität» durchgesetzt. Seinerzeit hatte das Konzil von Trient (1545–1563), das sich mit dem Protestantismus auseinandersetzte, ausdrücklich verfügt, dass kein Konzilsvater für Meinungsäusserungen im Rahmen der Konzilsdebatten der Inquisition übergeben werden dürfe. Und auch den wenigen zeitweise angereisten Protestanten wurde freie Rede und freies Geleit zugesichert.

Das wurde auch auf dem Ersten Vatikanischen Konzil so gehandhabt, was bei dessen stürmischen, polemischen und kontroversen Debatten unverzichtbar war. Das Zweite Vatikanische Konzil lief so moderat und diszipliniert ab, dass man den Eindruck gewinnen konnte, man hätte von der zugestandenen Redefreiheit gar nicht voll Gebrauch gemacht.

Allen Delegierten der Synode 72 war natürlich von vornherein die beschränkte Kompetenz bewusst. Man hielt sich an die Möglichkeiten, die das Kirchenrecht vorgab. Niemand hatte ernsthaft die Versuchung, den Bischof, der zwar – obwohl Erst-Initiant des Unternehmens Synode – nicht mit Herzblut, aber wenigstens mit Langmut der Synode formell vorstand und die Kirchenversammlung an der langen Leine hielt, in Verlegenheit zu bringen, zumal allen bekannt war, dass sich des Bischofs Mut und Tatenlust in Grenzen hielten. Man musste Formulierungen finden, die für den Bischof tragbar waren und durch die er nicht brüskiert wurde. Wahrscheinlich hatte sich Johannes Vonderach unter seiner Diözesansynode eine bescheidenere und kürzere, eine insgesamt zahme und pflegeleichte Veranstaltung vorgestellt. Sehr kritisch vermerkt wurde allerdings das einmalige Auftauchen des Nuntius, der überaus freundlich begrüsst wurde, seinerseits aber die Versammlung keines Wortes würdigte, dafür uninteressiert und gelangweilt eine Zeitlang da sass und unversehens «französisch» verschwand... Im Frühjahr 1975 war an der Gesamtschweizer Synode Kardinal Karol Wojtyla, der spätere Papst Johannes Paul II., kurz auf Besuch. Er hatte in Krakau eine Diözesansynode einberufen.

Eine Synode ist kein Konzil, aber stillschweigend war die freimütige Rede klar gewährleistet, und es lag sicher in der Absicht des Synodenpräsidenten Alois Sustar, dass kein Votum je zum Nachteil der Sprechenden ausgeschlachtet würde. Natürlich waren die Synodalen sehr unterschiedlich exponiert. Laien konnte ja ohnehin nichts passieren. Priester und Theologieprofessoren wären da schon gefährdeter gewesen. Aber von einer Einschränkung der Redefreiheit war während der Synode nie die Rede, und auch im Nachhinein wurde diesbezüglich nie Belastendes nachgeliefert. Übereinstimmend wird von Ehemaligen der Synode das Zeugnis ausgestellt, sie sei beherzt freimütig und über weite Strecken unbekümmert fröhlich abgelaufen. Pointierte Rednerinnen und Redner waren gut integriert und brachten Farbe und Erholung in die oft ermüdenden rednerischen Marathonläufe. Es gehört eben mit zur parlamentarischen Betriebsamkeit und Profilsuche, dass alle sich irgendeinmal wohl zu Wort melden wollen und müssen, was Wiederholungen unausweichlich macht.

Die Auseinandersetzungen konnten hart sein, blieben aber stets sachlich, vermieden persönliche Animositäten, so dass man unverkrampft nachher wieder miteinander Gottesdienst feiern und essen und trinken konnte. Es beruhigte und wirkte entwaffnend, wenn Meinungsunterschiede durch Abstimmungen entschieden und damit bereinigt wurden. Man kämpfte also oft unerbittlich in der Sache, aber der Umgang blieb pfleglich. Es stellte sich mit der Zeit unter den Synodalen das Gefühl einer grossen Familie ein, in der alle Generationen und abweichende Anschauungen vertreten waren. Man hielt zusammen und verwahrte sich geschlossen und vehement gegen Angriffe von aussen. Nochmals gerafft: Die Meinungsvielfalt, die an der Synode vorherrschte, war ein wichtiger Schritt zur Öffnung der Kirche, und die Meinungsfreiheit war gewährt und blieb gewahrt.

Willy Kaufmann erinnert sich, dass die Verhandlungsleitung – das heisst er selber – unter Beschuss kam, wenn das Tempo zu schnell war, oder wenn der Vorsitzende eine Spur zu ironisch die hohe Versammlung dirigierte. Was Kaufmann unter anderem nachhaltig beeindruckte, war die Präsenz von Nonnen, die in Debatten ihre Frau stellten und auch souverän Leitungsaufgaben bewältigten. Für ihn, den Medienmann und in kirchlichen Gremien und Diskussionen seit langem an der Front, war das selbstverständliche Auftreten von Klosterfrauen in der kirchlichen Öffentlichkeit ein überraschendes Novum und ein eindrückliches Erlebnis. Die Einbeziehung von Frauen war zu dieser Zeit noch eine ungewohnt frische Erfahrung, war doch in der Schweiz erst im Jahr zuvor, am 7. Februar 1971, durch eine eidgenössische Volksabstimmung das Frauenstimmrecht eingeführt worden.

# 8. Über Gott und die Welt

Wir nisten uns für den Ablauf der Synode 72 als Zaungäste auf der Tribüne im grossen Saal des Hotels Marsöl in Chur ein. Die Synodalen gingen mit viel Antrieb und Selbstdisziplin an die Arbeit. Und sie hielten bis zum Schluss durch. Die Tische waren über und über mit Akten belegt. Eifer und Ernst standen den Damen und Herren ins Gesicht geschrieben. Die Synode war zu keiner Zeit in Gefahr, auf der Stelle zu treten oder auszulaufen. Natürlich stiegen Einzelne aus. Das war oft einfach mit Ortswechsel oder neuen Aufgaben verbunden. Die Abgänge wurden durch neue Zugänge ersetzt.

Zuerst wurde eine Standortbestimmung des Christseins vorgenommen, eine Art Auslegeordnung: Wo stehen wir? Man besann sich auf die Fundamente. Die Reihenfolge der Vorlagen trug dem Anliegen Rechnung.

## Viele und illustre Gäste

Werfen wir aber vorerst einen Blick auf die Präsenzliste. Ein Verzeichnis vom Stichtag, dem 30. Oktober 1974, enthält 164 Synodalen. Das ist nur bedingt aussagekräftig. Es gab Synodalen, die wie erwähnt nicht während der ganzen Dauer ihr Mandat behielten. Das offizielle Verzeichnis im Anhang des Gesamtbandes der Synode 72 im Bistum Chur zählt 191 Synodalen auf. Chur schöpfte also die erlaubte Maximalzahl von 200 Abgeordneten beinahe aus. Dazu kamen Vertreter anderer Kirchen. Der Evangelische Kirchenrat des Kantons Zürich delegierte Direktor Werner Kramer und NZZ-Redaktor Hanno Helbling, die sich durch intensive Teilnahme und Mitarbeit auszeichneten. Der Evangelische Kirchenrat von Graubünden schickte die Churer Pfarrer Werner Form und Werner Graf. Neben anderen reformierten Vertretern war die Christkatholische Kirche der Schweiz durch Pfarrer Arnold Moll aus Zürich präsent. Die Evangelisch-Lutherische

Kirche Zürich war auch anwesend, und die Evangelisch-Methodistische Kirche delegierte gleich drei Vertreter, darunter den Churer Pfarrer Hans Probst. Bischof Serafim vertrat die Russisch-Orthodoxe Kirche in Zürich. Der Schweizerische Israelitische Gemeindebund war auf hohem Niveau dabei, unter anderen mit seinem Generalsekretär Willy Guggenheim. Einmal war auch ein Jude, der das Konzentrationslager überlebt hatte, auf Besuch.

*Abb. 5:* Der Direktor des evangelischen Kirchenrates des Kantons Zürich, Werner Kramer, leitet eine ökumenische Andacht auf der Synode, umrahmt von Präsident Sustar und Bischof Vonderach.

Ferner bestückten die kantonalkirchlichen Organisationen aller Bistumskantone die Synode. Die (reformierte) Theologische Fakultät der Universität Zürich entsandte Professor Hans Geisser. Auch die Bistümer Feldkirch, Innsbruck und das Bistum Bozen-Brixen liessen sich blicken.

An dieser Stelle sei noch ein kurzfristiger Teilnehmer der Basler Synode erwähnt, der sich zwar eher als Gast denn als Mitarbeiter fühlte: Hans Urs von Balthasar, dessen 100. Geburtstag dieses Jahr begangen wird. Der in Basel lebende frühere Jesuit hatte nach dem Zweiten Weltkrieg ein Säkularinstitut gegründet, das heisst einen freien und lockeren Zusammenschluss von Männern und Frauen, die in der Welt wirken und ihrem Beruf nachgehen, aber nach den evangelischen Räten (Armut, Gehorsam und Ehelosigkeit) leben. Balthasar war der fruchtbarste Theologe, den die katholische Schweiz je hervorgebracht hat: Ein virtuoser Kenner der Kirchenväter, verbunden mit einer stupenden Belesenheit vor allem der deutschen und französischen Literatur und der Philosophie. Sein Wohnsitz im «Dreiländereck», der rasche Abstecher nach Köln oder Paris ermöglichte, war bezeichnend für seine inspirierende Wanderexistenz mit Exerzitien, Vorträgen und Tagungen. Ohne Professur war er mobil, was ihm gefiel, auch wenn er sarkastisch anmerken konnte, dass man in der Schweiz nichts von ihm wolle. Es ist in der Tat paradox, dass der deutsche Theologe Karl Rahner in der Schweiz bekannter war und ist als der Schweizer Hans Urs von Balthasar. Letzterer ein frei schwebender Meister und Lehrer ohne Lehrstuhl und ein Literat, beheimatet bei den Dichtern und Denkern. In seinen Schulungskursen für katholische Akademiker scharte er indes eine beachtliche Zahl von Schweizern um sich, eine handverlesene Jüngergemeinde, die später in Kirche und Politik, Wissenschaft und Kultur Karriere machten. 1952 hatte er mit einem kleinen Buch *Schleifung der Bastionen* grossen Wirbel entfacht, womit sich der intellektuelle Rebell keine Freunde unter den Bischöfen schaffte. Und niemand hätte ihm damals prophezeit, was ihm kurz vor seinem Tod 1988 noch widerfahren sollte: die Ernennung zum Kardinal. Hans Urs von Balthasar geisselte die satte und verkrustete Selbstzufriedenheit der Klerikerkirche, für die das Haus bestens bestellt sei und die Theologie wohl geordnet auf den Bücherregalen ruhe. Balthasar setzte für die Zukunft ganz auf spontane Laienbewegungen, einen *schlafenden Riesen.*

Er hatte einen elitären Zug, machte aus seiner Verachtung der «Masse» keinen Hehl und strebte Bildung auf hohem Niveau an, mittels des Ferments kleiner, fortwährend geschulter Kreise. Nicht um Schulwissen (scientia) ging es ihm. Davon hielt er schon als junger Student nicht viel. Sein Ziel war die christliche Weisheit (sapientia), basierend auf den Quellen.

Nach dem Konzil wandte er sich wiederholt mit scharfer Zunge und spitzer Feder gegen die seines Erachtens grassierende Seichtheit und das oberflächliche Aufweichen, die auch das kostbarste Glaubensgut zur Disposition und kirchliches Christsein dem Belieben anheimstellten. Auf Drängen Bischof Hänggis liess er sich widerwillig für die Synode 72 verpflichten, quälte sich durch eine Session, lebte kurz auf, als man ihn für eine Meditation gewinnen konnte, meldete sich alsdann aber wieder ab. Diese Demokratisierung der Kirche mit Parlamentsbetrieb, in dem auch wenig erlauchte und gar unbedarfte Meinungen sich zu Wort melden durften, missfiel ihm. Der Aufmarsch dieser Synode von Klerus und Laien war nicht der Riese, den er geweckt haben wollte und von dem er geträumt hatte. Das war nicht Kirche nach seinem Geschmack für die Welt von heute. Damit konnte er nichts anfangen. Er nahm es in Kauf, künftig als reaktionärer Aristokrat abgestempelt zu sein. *Nicht ich habe mich von «links» nach «rechts» bewegt, sondern die andern haben sich verändert, ich strebte immer nach der Mitte des Evangeliums,* pflegte er sich zu rechtfertigen.[11]


## Kirche über alles

Es wäre nun ermüdend, Vorlage für Vorlage durchzukämmen und eine Session nach der anderen gemäss Protokoll zu referieren. Wir beschränken uns auf ausgewählte Themen und deren Behandlung. Das Programm der Synode 72 war wahrhaft umfassend. Kein Bereich, der die Christenmenschen anging und be-

schäftigte, wurde ausgelassen: Glaube und Gebet, Glaubensverkündigung, Predigt und Theologie, Religionsunterricht und Bi-
belrunden, die Gemeinschaft der Kirche und ihre Sakramente,
der Sonntag («der Kirche liebstes Sorgenkind»), Klerus und Lai-
en, kirchliche Dienste, Pfarrgemeinde und Seelsorge, Mission
und Entwicklungshilfe, Familie und Sexualität, Ehe und Ehescheidung, Mischehe, Ökumene und kirchliches Abseits, Jugend
und Erziehung, Schule, Bildung allgemein, Medien (Presse, Radio
und Fernsehen), Freizeit und Konsumverhalten, Kranke, Drogen
(damals noch ein Randproblem), Umgang mit den Ressourcen
der Schöpfung, Wirtschaft, Arbeit und Soziales, Fremdarbeiter
und Wohnungsbau, Flüchtlinge, Staat und Armee, Fragen um
Krieg und Frieden. Die Synode situierte die Kirche in der Welt
von damals.

Die Synode 72 war ein Spiegel von Kirche und Gesellschaft
der späten sechziger und der frühen siebziger Jahre des 20. Jahrhunderts. Sie ist eine aussagekräftige und unverzichtbare Quelle
des katholischen Zeitempfindens von damals. Sie gibt Auskunft
über kirchliches Denken, Fühlen und Sorgen, ein reich befrachte-
tes historisches Dokument speziell der Kirche Schweiz im ersten
Jahrzehnt nach dem Zweiten Vatikanischen Konzil.

Im Nachhinein wird man sagen dürfen, dass die Synode 72
am Ende einer langen und intensiven katholischen Hochkonjunk-
tur stand, die nach der Französischen Revolution und den napo-
leonischen Kriegen eingesetzt, nach 1870 erneut Tritt gefasst hatte, zwischen den beiden Weltkriegen sich verstärkte, aber erst
nach dem Zweiten Weltkrieg zu ihrer Hochform auflief. Das katholische «Wirtschaftswunder» liess den «Dreissigjährigen Krieg
des 20. Jahrhunderts» (1914–1945) relativ unbeschadet hinter
sich, trotz Blessuren und Narben aus partieller Kollaboration
und Kompromissen mit den totalitären Systemen dieser unheil-
vollen Periode. Zu keiner Zeit der Kirchengeschichte war das
Kirchenbewusstsein dermassen ausgeprägt wie in den letzten
200 Jahren. Die Kulmination dieser lebendigen Kirchlichkeit
wurde in den späten 1940er, den 1950er und den frühen 1960er
Jahren erreicht. Das Konzil von 1962 bis 1965 wurde von dieser

beispiellos kirchlichen Welle getragen. Eine Liturgiereform reihte sich an die andere, ein viel versprechender eucharistischer Aufbruch belebte einen Grossteil der Pfarreien und Gemeinschaften. Alles in allem gab es noch ausreichende Priesterberufungen. Ein theologischer Boom ohnegleichen stellte sich ein, eine nie dagewesene religiöse Bücherproduktion erfreute Geist und Geschäft, ein blühendes Vereins- und Verbandswesen erfasste die Gläubigen *von der Wiege bis zur Bahre*, vom Kindergarten bis zur Universität, vom Arbeitnehmer über den selbständigen Handwerker bis zum Unternehmer. Gottesdienst, Gruppenarbeit und Geselligkeit verbanden sich harmonisch. Spiritualität und *katholische Sinnlichkeit* gingen Hand in Hand und feierten ihre Feste. Das waren die Markenzeichen dieser Zeit. Diese beeindruckende Fruchtbarkeit und Vitalität des Katholizismus steht in seltsamem Kontrast zur gleichzeitigen stacheligen Igelstellung und Abwehrhaltung der katholischen Kirche gegenüber der *feindlichen Welt*, zur engen und einschnürenden, unsicher und ängstlich sich gebärdenden innerkirchlichen Gettomentalität, die erst mit dem Pontifikat Johannes XXIII. und der Konzilsankündigung aufgebrochen wurde.

Die Synode 72 ging trotz verhaltenen oder schrillen Unkenrufen von einer insgesamt geschlossenen Kirchlichkeit aus. Sicher konnte das von den Teilnehmern dieser Kirchenversammlung vorausgesetzt werden. Die Synode setzte sich fast ausschliesslich aus aktiven («praktizierenden»), motivierten, wenn auch keineswegs unkritischen Frauen und Männern zusammen. Sie präsentierte und repräsentierte eine Kirche, die sich zwar im Umbruch befand, den Umbau im Sinn hatte, eine tragfähige und keineswegs bloss sanfte oder rein kosmetische Renovation, aber gewiss nicht den Abbruch beabsichtigte. Sie stellte ein getreues Abbild des Zweiten Vatikanischen Konzils dar, als deren Tochter sie sich verstand, als erwachsene Frau allerdings und als eigenständige Ortskirche, aber doch selbstverständlich eingebunden ins «Mutterhaus» der Weltkirche. Es ist noch ein deutliches *Ja zur Kirche* zu hören, zwar immer auch mit Vorbehalten und Einschränkungen, aber doch vielleicht in der leisen und zaghaften Hoffnung, in

Zukunft zu einem alles in allem vorbehaltlosen Ja zur Kirche zu gelangen. Es bürgerte sich allmählich ein, das *Leiden an der Kirche*, das es natürlich zu jeder Zeit gab, hoch sensibilisiert zu artikulieren und zu reflektieren. Es war die Zeit, wo man wohl mit Wehmut, aber auch mit einer unausrottbaren Hoffnung noch *Kirchenträumen* nachhing. Die fromme Haltung von einst, *Gott und deine Seele,* wie das hiess, galt als verpönt. Das war früher. Das hatten die Prediger in Volksmissionen und Exerzitien eingeimpft. Jetzt gälte es, den Schritt zu tun *von der versorgten zur sich sorgenden Gemeinde.* Der Geist individueller Heilsangst und die Pflege des eigenen *Seelengärtleins* wurden gründlich vermiest, obwohl die Gläubigen, die sich brav versorgen lassen, auch die verlässlichen Stammgäste an Gemeindefeiern sind. Die Einzelseelsorge ging weitgehend an professionelle Ehe- und Sexualberatungen oder an psychologische Fachkräfte. Die Skrupulanten starben allmählich aus, die «ekklesiogenen» Krankheitsbilder verblassten. Jetzt drehte sich alles um Gemeinschaft, um *das Schiff, das sich Gemeinde nennt,* immer flott auf Kurs, und ohne mobilisierte Kirche und Pfarreiabende gähnt anscheinend die Leere. Das ist typisch katholisch. Die reformierten Mitchristen sind im Allgemeinen die besser geübten Selbstversorger. Das ist gar nicht so daneben.

Diese monokirchliche Einstellung scheint auch im Zeitalter weitgehenden Kirchenfrusts nachzuwirken. Wenn es mit den Hauptamtlichen nicht klappt, sind nebenamtliche Pfarreiräte oft hilflos, und das Gemeindeleben liegt hoffnungslos darnieder. Es gibt allerdings auch Beispiele, wo unversorgte Pfarreien sich sehr wohl zu helfen wissen. Unvermeidliche Enttäuschungen mit der Kirche führen aber oft vorschnell zu Kirchenaustritten. Die beinahe stereotypen Floskeln bei Austretenden lauten, wenn sie die Einsparung der Kirchensteuer verschweigen: *Ich kann mich nicht in allem mit Papst und Kirche identifizieren* – als ob das nötig wäre. Die Synode hat eher zu viel Kirchlichkeit propagiert.

Das alles sind Spätfolgen des «Integralismus», einer Haltung, die um 1900 als Antipode zum «Modernismus» Urständ feierte, einer fordernden Haltung des alles oder nichts. Der katholische Integralismus war seinerseits ein Strang der totalitären Systeme des 20. Jahrhunderts. Die Kirche darf aber nicht Selbstzweck sein, und sie gehört auch nur zu den vorletzten Dingen.

Die Synode war eine getreue Kopie des Zweiten Vatikanischen Konzils in dem Sinn, dass sie sich verpflichtet, aber auch ermutigt sah, zu beinahe allem und jedem, was in der Welt und in der Schweiz vorging, einen Kommentar abzugeben. Was sie mit dem Konzil verband, war die unbefangene Begegnung mit der säkularisierten Gesellschaft. Nicht Vorwürfe, sondern Vorschläge dominierten in den Debatten und Papieren. Kein erhobener Zeige- oder gar Drohfinger, sondern freundlich einladende Gesten. Das war wohltuend.

Allerdings, einen gewissen schulmeisterlichen Ton konnte die Synode nicht ganz abstreifen, und sie glaubte meistens auch, über die besseren Argumente zu verfügen. Man versuchte es gelegentlich mit einer belehrenden, wenn auch gewinnend vorgetragenen Einladung. Gewiss wurde man dabei nie polemisch oder verletzend. Aber es lag doch die Erwartung im Raum, dass die ausserhalb der «Kirchenmauern» sich befindenden Realitäten mit ihren Repräsentanten und Verwaltern wohlwollend zur Kenntnis nähmen, was die Kirche und die christliche Verkündigung zu bieten hätten. In diesen Dingen war die Redeweise fast eine Spur entschiedener oder gar forscher, als wenn man mit den Menschen redete, die bewusst draussen vor der Kirchentür standen oder ihr gar den Rücken zugekehrt hatten. Mit diesen empfahl es sich, äusserst behutsam umzugehen, im Bewusstsein des fehlerhaften Verhaltens derer da drinnen. Da erging auch nicht die vorschnelle Aufforderung, einzutreten oder zurückzukehren.

Die Synode 72 stand wie das Konzil ganz im Bann und Rahmen dieser oben geschilderten Kirchlichkeit. Es ging um die Kirche und ihr Zeugnis in der Welt. So weit so gut. Ging es aber auch um Gott? Natürlich war das mit eingeschlossen. Aber aufs Ganze wurden Gott und der Glaube an ihn stillschweigend vorausgesetzt, ähnlich wie beim Konzil. Man befasste sich mit der Qualität des Glaubens. Das Zweite Vaticanum beschäftigte mehr die Offenbarung als die offene Gottesfrage, setzte also Gott und das «Christusereignis» voraus. Die Pastoralkonstitution des Konzils, «Gaudium et Spes», die eingangs des Kommissionsberichts «Glaube und Glaubensverkündigung heute» zitiert wird, geht in ihrem Duktus eben davon aus. Das ist weiter nicht verwunderlich und erscheint irgendwie selbstverständlich. Denn Konzil wie Synode waren, wenn man so will, kirchliche «Binnenveranstaltungen». Man war unter sich, auch wenn man das Gespräch mit den anderen aufnahm.

Konkret heisst das: Was Anfang und Ende einer kirchlichen Dogmatik oder Glaubenslehre ansprechen, nämlich Gott und die «Letzten Dinge» (Eschatologie), wurde auf der Synode kaum bis nicht behandelt. Im Register des Gesamtbandes existiert das Stichwort «Gott» nicht, einzig der Begriff «Gottesbilder», und die werden nur marginal aufgeführt. Immerhin ist bemerkenswert, dass Papst Paul VI. unmittelbar nach dem Konzil der 1965/66 tagenden Generalkongregation der Jesuiten den Auftrag erteilt hatte, sich mit dem Atheismus zu befassen. Offenbar schwante dem Papst deutlich, was auf die Kirche vermehrt zukommen würde. Er hatte diesbezüglich anscheinend ein sicheres Gespür, worauf es künftig ankam.

Begriffe wie Agnostizismus, Indifferentismus oder Pantheismus sucht man vergebens. Der Atheismus scheint im Sachverzeichnis nur unter der Gestalt von «Atheisten» auf, obwohl dann im Text kurz von «Systemen des Atheismus» die Rede ist. So etwas wie «Sinnfrage» ist in den Unterlagen nur minimal existent. Man hütet sich freilich, die Atheisten zu verdammen, sucht pflichtschuldig und auch mit Recht Fehler bei sich selbst und bei der Kirche als Institution. Aber wenn der Atheismus angeblich sich bloss von den Fehlern der Christenheit nährt, mit gutem Grund sich von schiefen oder gar abwegigen Gottesbildern verabschiedet, die es sicher zuhauf gibt; wenn die Atheisten bloss einen Gott bekämpfen, der nicht der Gott Jesu Christi und der Bibel ist, sondern lediglich eine Verfremdung des Gottesbegriffes, wie es die entsprechenden Bemerkungen der Synodenpapiere glauben machen wollen, stellt sich die Frage, ob sich die Atheisten darin wiedererkennen und ob man ihnen damit wirklich gerecht wird. Sicher haben die Schuld der Kirchen und die Sünden der Christen den Atheismus eher bestätigt, aber es gibt kaum einen ernst zu nehmenden Atheisten, der sich einzig auf die Defizite der Kirche beruft. Es gibt vernünftige Gründe, die gegen Gott sprechen, aber es gibt eben auch vernünftige Gründe, die für Gott sprechen. Es fehlt in den Ausführungen der Synode ferner das «Theodizeeproblem», das heisst die Frage, wie Gott und das Leid zusammengehen, die für den Atheismus viel relevanter war und ist. Da gäbe und gälte es dann noch einmal von vereinfachenden und oft schlicht falschen Gottesvorstellungen und seiner Allmacht in der kirchlichen Verkündigung zu berichten und davon Abstand zu nehmen. Die Meinung, Gott könne alles machen, was er will, ist sehr nach menschlichem Mass gefertigt und wird der zentralen Aussage des Christentums, dass in Jesus Gott eben selber gelitten hat, überhaupt nicht gerecht. Darüber findet man leider nichts. Ein Gottsucher, der in den Synodenpapieren stöbert, wird kaum fündig. – Diese persönlichen Einwände ändern nichts an vielen wertvollen, auch heute noch lesenswerten Darlegungen, beispielsweise über persönliche Gottesbeziehung, über verschiedene Wege, Christus zu begegnen, nämlich im Hören auf das Wort der Schrift, im Sakrament, im Dienst an der Einheit und in der Diakonie. Ferner kommen Lebens- und Weltgestaltung aus dem Glauben zur Sprache. Glaube wird als lebenslängliche Aufgabe verstanden, ist nicht etwas Abgeschlossenes, kein Bündel von Sätzen, die für wahr zu halten sind, sondern ein permanenter Prozess, der Versuch einer Antwort auf Gottes Wort und Einladung. Es folgen nützliche Hinweise für Glaubensverkündigung in Predigt, Katechese, Erwachsenenbildung und im Seelsorgegespräch.[12]

In einer Einführung in das Christentum und in die kirchliche Existenz nimmt das Gebetsleben einen hervorragenden Platz ein, das persönliche und stellvertretende Gebet. Und in guter und vertrauter katholischer Tradition werden die Sakramente als Heilszeichen Christi in Kirche und Welt und in ihrer liturgischen Dimension eingehend ausgefaltet. Theologische «Profis» und «Laien» der Synode rangen gemeinsam um eine zeitgemässe Sakramentenpastoral und verarbeiteten die diesbezüglichen Aussagen des Konzils mit der zeitgenössischen Theologie. Diese Dinge nachzuschlagen würde sich heute noch lohnen, wenn auch vieles Gott sei Dank unterdessen Gemeingut einer lebendigen Pfarrei oder Kommunität geworden ist.[13]

Die «Letzten Dinge» kommen überhaupt nicht vor. Man muss gerechterweise sagen, dass diese Thematik damals nicht brisant war. Die Esoterik und die damit verbundenen Vorstellungen von Reinkarnation schossen erst später – allerdings bald einmal – ins Kraut. Diesen Begriff sucht man im Anhang auch vergeblich. Sicher wollte man zusätzlich dem möglichen Tadel entgehen, man liesse sich durch die letzten Dinge von den vorletzten ablenken. Der Schock marxistischer Religionskritik sass tief im Nacken: Um Gottes willen sich nicht dem Vorwurf aussetzen, man vertröste auf nachher. Nur eben, der *eschatologische Vorbehalt*, dessen man sich bei Gott nicht zu schämen bräuchte, ging dabei unter.

## Christen ohne Kirche?

Dafür befasste sich die Synode eingehend mit den *Kirchenfreien Christen*, eine Bezeichnung, die man heutzutage kaum noch antrifft, die aber damals viel zu reden gab. Man diskutierte eingehend schon um den Begriff, weil «frei» ja immer etwas Positives beinhaltet. Müsste man nicht nüchterner von «kirchenlosem» oder «kirchenfernem» oder objektiver von «nicht kirchlichem» Christsein reden? Man blieb dann doch bei «kirchenfreien Christen», weil es sich so eingebürgert habe. Da wurde Kluges gesagt und zu Papier gebracht. Man ging selbstkritisch in sich, ohne in einen Schuldkomplex zu verfallen, sah zwar in diesem Phänomen eine Herausforderung und Anfrage an die eigene Adresse, gab aber auch den kirchenfreien Glaubensbrüdern und -schwestern die Erinnerung mit auf den Weg, dass sie indirekt eben doch von der Kirche lebten, und schob die Mahnung nach, dass sie sich vor pharisäischer und selbstgerechter Überheblichkeit gegenüber der fehlerhaften Kirche und ihren Gliedern hüten sollten.[14] – Bei all dem war allerdings nicht leicht auszumachen, wie die kirchenfreien Christen denn nun genauer auftreten und wo sie zu orten wären. Das Augenscheinliche, dass in beiden christlichen Grosskirchen der Schweiz nur eine Minderheit praktiziert, war allen klar, und dass diese Minderheit zahlenmässig weiter abnimmt, war auch nicht zu übersehen. Aber darum ging es nicht. Und wie sollte man sich an die Aussenstehenden wenden, die gar nicht angesprochen werden wollen? Irgendwie suggerierte die Synode den Eindruck, als handle es sich bei den kirchenfreien Christen, wenigstens teilweise, um eine mindestens diffus wahrnehmbare, alternative Gruppierung, welche die Konfrontation mit den Kirchenchristen gezielt suche und eine Spur kollektiven Eigenlebens friste. Aber das ging wohl an der Wirklichkeit vorbei, wenn es auch im Einzelfall bekennende oder gar militante Kirchenfreie gab. Rieb man sich da an einer selbst fabrizierten Konstruktion? Sicher reagierte die Synode mit dieser Einlage primär auf einen polemischen Slogan, dem sich damals nicht zuletzt die Katechese ausgesetzt sah: *Jesus ja – Kirche nein,* mit dem man bewusst ärgern wollte. Das war aber mehr Provokation als Prophetie.

## Mitbestimmung in der Kirche

Die Kirche als Gemeinschaft und ihre Strukturen gaben viel zu reden. «Kirche sind wir» war der Grundtenor. Vor allem auf Pfarrei- und Bistumsebene wurde Mitbestimmung eingefordert: *Die zuständigen Instanzen mögen darauf hinarbeiten, dass alle kirchlichen Ämter durch Wahlen besetzt werden, an denen die betroffenen Gläubigen direkt oder indirekt beteiligt sind … Bei Bischofsernennungen sollte Priestern und Laien wenigstens durch den sie repräsentierenden Diözesanen Seelsorgerat ein Mitsprachecht zukommen…*[15] (Wieso hier der Priesterrat nicht in erster Linie genannt wird, ist seltsam.) Im Rahmen der Vorlage 9, Beziehung zwischen Kirche und politischen Gemeinschaften, wurde entschiedener formuliert und gesamtschweizerisch am

1./2. März 1975 folgender Wortlaut verabschiedet: *Die Synode fordert für alle Diözesen eine rechtlich festgelegte Mitwirkung ortskirchlicher Gremien bei der Wahl der Bischöfe. Diese Mitwirkung muss bestehenden Mitentscheidungsformen mindestens gleichwertig sein.* Bischof Vonderach gab seine Zustimmung.[16]

Weiter wurde verlangt: *Die kirchlichen Vorsteher sollen in der kritischen öffentlichen Meinung nicht eine – wenn immer zu umgehende – unbotmässige Konkurrenz sehen, sondern ein notwendiges, weil ergänzendes Korrektiv … Wichtige Entscheide im Bistum, im Dekanat sind mit den Pastoralräten gemeinsam zu treffen und vorgängig mit den vom Entscheid Betroffenen zu besprechen.*[17]

In der allgemeinen Aussprache versuchte zwar der reformierte Vertreter Werner Kramer die demokratische Euphorie etwas zu dämpfen: *Ich stehe zu demokratischen Strukturen, aber auch demokratische Strukturen bringen Einengungen mit sich.* Mutige Entscheidungen würden oft vom *Gottesvolk* beengt. Er musste es wohl wissen. Und als Reformierter beneidete er die katholische Kirche um ihre Ordensgemeinschaften. Die reformierte Kirche sei zu sehr der Aktivität verfallen. Das Bedürfnis nach Meditation mache sich bemerkbar.[18] Inzwischen – so wird man als katholischer Beobachter sagen dürfen – hat die evangelische Kirche in Sachen Spiritualität mächtig aufgeholt.

## Wie hältst du es mit dem Sonntag?

Ein heikler katholischer «Dauerbrenner» war die «Sonntagspflicht», das heisst die individuelle Verpflichtung jedes katholischen Christen, an der sonntäglichen Eucharistiefeier teilzunehmen. Bei allem Verständnis, dass Katholiken in vielen Belangen sich freistrampeln wollen und auch sollen, berührte diese Frage einen Nerv, zumal vermehrt Katholiken es auch in diesem Fall mit der Freiheit bereits versucht hatten, wenn nicht gar mit der Beliebigkeit. – Heutzutage ist das Thema faktisch vom Tisch. Damals hatte man noch den Eindruck, es ginge um alles. Gäbe man hier nach und den Gläubigen einen Freipass, könnte dies den Sonntagsgottesdienst gefährden, und das ginge an die Substanz der Pfarreien. Das Herzstück katholischen Gemeindelebens würde zur Disposition gestellt. Soweit ist es glücklicherweise aufs Ganze gesehen nicht gekommen, trotz der immer wiederholten Floskeln von angeblich «leeren Kirchen». – An der Synode 72 fühlten sich indes auch die «Liberalen» auf den Plan gerufen. Der Pastoraltheologe Josef Bommer gab zu bedenken:

*Ich möchte auch auf die Gefahr hin, konservativ zu erscheinen, ein warnendes Wort aussprechen ... Wir sind weitgehend noch Volkskirche, und bleiben es noch einige Zeit. Unter dieser Voraussetzung ist es nicht abwegig, an einer vernünftigen Art einer Sonntagspflicht festzuhalten. Wenn wir die Sonntagspflicht aufgeben, werden sich unsere Kirchen rapid leeren. Eine Gemeinde, die sich nicht mehr versammelt, zerfällt ... Sind wir Menschen nicht auf einen gewissen Druck angewiesen?* Der reformierte Zürcher Vertreter Hanno Helbling entgegnete darauf, dass sich auch die evangelische Kirche als Volkskirche verstehe und auch so etwas wie eine Sonntagspflicht kenne, da es ein Glaubensleben ohne Gemeinschaft nicht gäbe. *Wenn es darum geht, diesen inneren Verpflichtungscharakter herauszuheben, ihn zu vertiefen: Wie kommt man zur Vertiefung, wenn nicht im Rahmen der Freiwilligkeit?*[19]

Die Synode votierte mit überwältigender Mehrheit für die Beibehaltung der Sonntagspflicht in einer gewissen flexiblen Form. Der Text, der gesamtschweizerisch am 7./8. September 1974 verabschiedet und von der Schweizerischen Bischofskonferenz am 8. Oktober 1974 genehmigt wurde, lautet auszugsweise:

*Wie jede Gemeinschaft, muss sich auch die Kirche regelmässig versammeln, um lebendig zu bleiben. Am Sonntag feiern wir das Ostergeheimnis. Dieser Tag erhält durch die Eucharistie seinen vollen Sinn ... Deshalb feiern die Christen seit der Zeit der Apostel bei ihren sonntäglichen Versammlungen Eucharistie. Daher hat die Kirche die Gläubigen zur Teilnahme am sonntäglichen Gottesdienst verpflichtet ... Von manchen wird die Sonntagspflicht vorwiegend als Zwang empfunden. Die Kirche erstrebt jedoch durch diese Vorschrift eine enge Bindung an den Herrn und an die Gemeinschaft der Gläubigen, eine Bindung, die von den Christen in freier Verantwortung verwirklicht wird. Es gibt zwar Gründe, die von der Teilnahme an der sonntäglichen Messe entbinden. Dennoch ist keiner davon dispensiert, sich um die lebendige Einheit der Gemeinde zu bemühen.*[20]

## Mensch und Markt

Marktwirtschaft und soziale Fragen beschäftigten die Synode eingehend, und sie widmete ihnen zwei eigene Vorlagen, die Sachkommission 7: *Die Verantwortung des Christen in Arbeit und Wirtschaft,* und die Sachkommission 8: *Soziale Aufgaben der Kirche.* Im Vordergrund standen Probleme mit Arbeitnehmern und Arbeitnehmerinnen, im Speziellen die Fremd- oder Gastarbeiterfrage, die Stellung der ausländischen Arbeitskräfte, wobei zu diesem Zeitpunkt noch die Italiener dominierten.

Ein paar Bemerkungen zur zeitgenössischen Situation der Schweiz seien vorausgeschickt. Die 1960er Jahre hatten der Schweiz einen bisher nie erlebten und ungeahnten Wohlstand gebracht, verbunden mit bester Beschäftigungslage. Arbeitslosigkeit war ein Fremdwort. Das Angebot an Beschäftigungsmöglichkeiten überstieg in einzelnen Wirtschaftszweigen bei weitem die Nachfrage. Gleichzeitig machte sich eine zunehmend fremdenfeindliche Tendenz gegenüber dem hohen Anteil der Fremdarbeiterschaft bemerkbar. Zum Teil waren es diffuse Ängste und Unbehagen. Viele Gewerkschafter aber fürchteten die Konkurrenz und den damit verbundenen Lohndruck. Die *Aktion für Volk und Heimat* und die *Republikanische Bewegung* von Nationalrat James Schwarzenbach aus Zürich nahmen sich, angesichts von mehr als einer Million Ausländer, der Sorgen vieler verunsicherter Kleinbürger, Angestellter und Arbeiter an und lancierten ein Volksbegehren gegen die «Überfremdung» («Schwarzenbach-Initiative»). Sie verlangte, dass die Ausländer in keinem Kanton mehr als zehn Prozent der Wohnbevölkerung übersteigen dürften. Bei einer Rekordstimmbeteiligung von 74 Prozent wurde die Initiative am 7. Juni 1970 mit 54 gegen 46 Prozent abgelehnt. Um die Anhänger der Initiative zu beruhigen, begrenzte der Bundesrat die Zahl der jährlichen Arbeitsbewilligungen für Ausländer. – Zur Zeit der Synode kippte allerdings die Konjunktur. Die Ölkrise im Herbst 1973, im Gefolge des Angriffs der Ägypter und Syrer auf Israel im Oktober (Jom-Kippur-Krieg), löste einen nicht gelinden Schock aus. Die arabischen Länder drosselten die Erdöllieferungen und erhöhten danach mit den übrigen Erdöl produzierenden Staaten die Rohölpreise um das Vierfache. So kam es, beschwichtigend gesagt, zu einer «Abkühlung» der Wirtschaft, die in eine regelrechte Rezession einmündete. Das Bruttosozialprodukt verringerte sich. Die Vollbeschäftigung ging, wenn auch nicht drastisch, so doch längerfristig zurück. Zuerst wurden die ausländischen Arbeitskräfte «zur Kasse gebeten». Im Klartext: Man «exportierte» die Arbeitslosigkeit. Die Beschäftigung stieg zwar in den 1980er Jahren wieder. Aber eine auf Dauer anhaltende wirtschaftliche Überkonjunktur mit der Versicherung ungefährdeten Wohlstands wollte sich bis heute nicht mehr einstellen.

Die Resolutionen der Synode geben Ängste, Bedenken und Sorgen in dieser Zeit wieder: Fragen des Rechts auf Arbeit, die Stellung der berufstätigen Frauen, der jugendlichen Arbeitnehmer, die gerechte Verteilung des Volkseinkommens, die betriebliche Mitbestimmung und Mitverantwortung, sozialethische Überlegungen um Kündigungen und Entlassungen, um Krankheit, Behinderung und Invalidität, das Wohnungsproblem, die Ausländer unter uns und die Flüchtlinge, die Schweiz und die Dritte Welt. Gerade für die Ausländerthematik war die Churer Synode speziell sensibilisiert, hatte der doch grösste Industriekanton der Schweiz, Zürich, einen besonders hohen Ausländeranteil. In diesem Zusammenhang stand auch die Zusammenführung beziehungsweise der Nachzug der Familien im Vordergrund, eine virulente ethische Forderung, die sich aus dem «Saisonnierstatut» ergab. Die «Saisonniers» durften nur während neun Monaten in der Schweiz arbeiten und mussten nachher für mindestens drei Monate in ihre

Heimat zurückkehren. Sie durften die Familie nicht nachziehen. «Jahresaufenthalter» erhielten eine Aufenthaltsbewilligung für ein Jahr, die verlängert werden konnte. Stellenwechsel war nur erschwert möglich. Familiennachzug wurde nur gewährt, wenn die finanziellen Verhältnisse den Unterhalt einer Familie ermöglichten. Erst nach etwa sechs Jahren konnte ein Jahresaufenthalter um eine Niederlassungsbewilligung nachsuchen.[21]

Zu diesem Spezialfall wollen wir die Synode hören: *Das neue Saisonnierstatut will unter allen Umständen verhindern, dass diese rund 190 000 Fremdarbeiter zu Einwanderern werden können. Politisch mag das seine Gründe haben, doch ist es nicht angängig, unsere Probleme zum Schaden der Menschenrechte dieser Leute zu lösen. Zu diesen Menschenrechten gehört das Zusammenleben mit der Familie, die Wahl des Arbeitsplatzes, eine gewisse Sicherheit nach einer Zeit der Bewährung … Das Statut der Saisonniers wird bereits jetzt politisch zu einem starken Faktor der Unruhe. Der scheinbare Gewinn auf wirtschaftlichem Gebiet wird damit zum Schaden für das Gesicht unseres Staates im In- und Ausland.*[22] – Ein Wort von Max Frisch machte in jener Zeit nicht nur an der Synode die Runde: *Man rief Arbeitskräfte, und es kamen Menschen.*

## Dienst am Wort und Wehrdienst

Nicht ohne Aufregung ging die Debatte um Krieg und Frieden, Landesverteidigung und allgemeine Wehrpflicht über die Bühne. Auch zu diesen neuralgischen Stellen fühlte sich die Synode verpflichtet, ihren Kommentar abzugeben. Anlass dazu gab ein Vorstoss der Westschweizer und Tessiner Synoden, die sukzessive Abschaffung der Schweizer Armee auf die Traktandenliste zu setzen. Das war starker Tobak und löste geharnischte Proteste aus, auch bei der Bündner CVP. Die Churer Synode trat dann unter dem eher unverfänglichen Titel der Sachkommission 10: *Mission als Verantwortung der Kirche für Verkündigung, Entwicklung und Frieden* auf das Geschäft ein. Zum Verständnis ist ein kurzer

Streifzug durch die traditionelle wehrpolitische Landschaft der Schweiz am Platz.

Zur schweizerischen Identität gehörte unangefochten bis in die turbulente 68er Zeit die Symbiose von «Bürger und Soldat». Die Schweiz hatte sich aus den beiden Weltkriegen heraushalten können. Sicher einmal aus vielfach unverdienten Gegebenheiten, die ausländischen Mächten zupass kamen, aber eben doch wohl auch dank einer effizienten Milizarmee, die zwar ihre Schlagkraft nie unter Beweis stellen musste, aber immerhin gerade im Zweiten Weltkrieg eine gewisse Abschreckungsfähigkeit bewirkt haben dürfte, in dem Sinn, dass den potentiellen Feind – das konnte nur Nazideutschland sein – der Eintrittspreis vielleicht doch zu hoch zu stehen kam. Genaueres konnte man natürlich nicht in Erfahrung bringen. Aber das war auf alle Fälle die unangefochtene Überzeugung der überwiegenden Mehrheit des Schweizervolkes. Dass man den unheimlichen Nachbarn mit einigen Zugeständnissen zufriedenstellen musste, damit er ja draussen bliebe, wurde in der ersten Nachkriegszeit gern unterschlagen, ebenfalls der streckenweise unrühmliche Umgang mit Flüchtlingen. Auf der «Aktivdienstgeneration», das heisst auf 300 000 Mann, lastete während des ganzen Zweiten Weltkriegs eine lange Dienstzeit. Man nannte diesen Einsatz «bewaffneten Neutralitätsschutz». Im Unterschied zum Ersten Weltkrieg wurde auch die Zivilbevölkerung in die Abwehrhaltung, «Geistige Landesverteidigung» genannt, einbezogen, durch Pflege von Patriotismus und Stärkung des Durchhaltewillens, aber auch durch finanzielle Abfederung der Wehrmänner und ihrer Familien. Dienststellen wie «Heer und Haus» schufen ein einmaliges Zusammengehörigkeitsgefühl, was durch die kriegsbedingte Abschottung nach aussen noch unverzichtbarer wurde. Diese sechsjährige entbehrungsreiche Zeit eines «Volkes in Waffen» verlieh den «Veteranen» einen zwar auf schweizerische Masse gestutzten, aber doch bescheidenen heroischen Glanz. Der Oberbefehlshaber der Armee, General Henri Guisan wurde – eigentlich ganz unschweizerisch – zur helvetischen Ikone, und sein Bild zierte über mehrere Jahrzehnte die Wände ungezählter Restaurants und Beizen.

Diese Linie der Landesverteidigung wurde nach 1945 im Kalten Krieg nahtlos weitergeführt. Sie hatte sich ja bewährt. Neutral, aber wehrhaft, hiess die Parole. In militärische Terminologie übersetzt: Strategie der «Dissuasion». Auf deutsch: Das unverrückbare Ziel blieb, eine Armee zu unterhalten, die zwar viel kleiner und um einiges schwächer war als diejenige, die sie bedrohen könnte – und das konnte wiederum nur eine sein – aber doch so stark, dass man ihr ein gewisses Abschreckungspotential nicht absprechen konnte. Also eine ernsthafte Armee, damit sich ein Ernstfall erübrigt. Natürlich wurde, nicht nur von Linken, nicht selten die Frage aufgeworfen, ob ein solches Konzept von Sicherheitspolitik im Zeitalter von Atomwaffen noch tauge. Aber insgesamt blieb diese Staatsdoktrin mit allgemeiner Wehrpflicht unter Einschluss der Mehrheit der Sozialdemokraten in Kraft.

Ende der 1960er Jahre zerbarst zwar dieser nationale Konsens nicht, bröckelte aber doch unüberhörbar. Die «Neue Linke», marxistisch infiltriert, stellte die Landesverteidigung radikal in Frage. Die Armee wurde als «heilige Kuh» karikiert. Die Reaktion liess nicht auf sich warten. Die echten oder vermeintlichen Kommunisten wurden aufgefordert, eine Fahrkarte nach Moskau einfach zu lösen. Auch eine junge Theologengeneration liess sich vermehrt von Zweifeln packen. Im Nachkriegsdeutschland der Bundesrepublik hatten evangelische Theologen und Pastoren schon immer Bedenken gegen eine Wiederbewaffnung Westdeutschlands angemeldet, was angesichts der historischen Erfahrung und Belastung nachvollziehbar war. In der Schweiz verweigerten den Militärdienst bis dato nur Linksextreme und Mitglieder religiöser Sekten und Kleingruppen. Nun entdeckten auch katholische Theologen und Theologiestudenten ihr pazifistisches Herz, mit Berufung auf die Bergpredigt und ihrer Forderung nach Verzicht auf Gewalt und Vergeltung. So nahm sich auch die Synode abgewogen und ausgewogen dieser Sache an und lud zur Beratung eigens einen Berufsoffizier im Rang eines Obersten ein. Trotz dieser Vorsorge wurde recht emotional diskutiert.

Ein Antrag stand auf der Tagesordnung, in Übereinstimmung mit dem Konzil zu unterscheiden zwischen militärischen

Organisationen für die rechtmässige Verteidigung und einem Militärapparat zwecks Angriff und Eroberung. In Übereinstimmung mit dem Konzil solle die Synode die Verpflichtung des Christen anerkennen, für den Schutz, die Sicherheit und die Freiheit des Volkes einzustehen. Auf dieser Basis könne die Verweigerung der allgemeinen Wehrpflicht nicht als Kennzeichen des christlichen Gewissens anerkannt werden. Für Einzelfälle, die durch den Wehrdienst in ernsthafte und unüberwindliche Gewissenskonflikte gestürzt würden, solle durch Änderung der Bundesverfassung ein nicht militärischer Dienst an der Gemeinschaft ermöglicht werden. – Der Instruktionsoffizier und Oberst im Generalstab Walter Gemsch als geladener Gast betonte, dass auch im Zeitalter atomarer militärischer Bedrohung die konventionellen Kriege nicht aus der Welt geschafft seien. Die Schweizer Armee diene der Kriegsverhinderung. Man solle gewaltlose Friedensbemühungen nicht gegen die Armee ausspielen. – Demgegenüber gab der Jesuit Raymund Schwager zu bedenken, dass die Theorie vom «gerechten Krieg» praktisch nie funktioniert habe. Im Lauf der Geschichte hätte beinahe jede Hierarchie jeden Krieg der eigenen Regierung für rechtens erklärt. Zudem sei der aktuelle Rüstungswettlauf irrsinnig. Die Spirale der wechselseitigen Bedrohung und Abschreckung gehe immer weiter. Die Souveränität einer Nation werde nicht nur durch bewaffnete Aggression, sondern auch durch wirtschaftliche Mammutblöcke gefährdet. Das Konzil habe den totalen Krieg klar verurteilt. Logischerweise sei auch der feste Wille, notfalls zu diesem Mittel zu greifen, moralisch verwerflich. Die meisten Christen hätten die Lehre der Evangelien von der Gewaltlosigkeit, mindestens für den öffentlichen Bereich, immer für unrealistisch und utopisch gehalten. Damit die Menschheit aus der Spirale der permanenten und horrenden Aufrüstung herauskomme, müsse die Botschaft der Bergpredigt ganz anders ernst genommen werden, und wir müssten angesichts dieses selbstmörderischen Gebarens einen ersten Schritt tun. (Worin konkret dieser Schritt bestehen solle, wurde allerdings nicht gesagt.) – Dem wurde wiederum entgegengehalten, die Schweiz bedrohe niemand, sie sei nicht schuld am Rüstungswettlauf der Grossmächte, und ihre Armee basiere nicht auf dem Prinzip Schlag und Gegenschlag, sondern eben auf Kriegsverhütung. – Man solle sich aber auch nicht in Clichés verrennen und einander Begriffe an den Kopf werfen: Hie Bekenntnis zur Armee, also Realist – hie Gegner der Armee, also Utopist. – Notwehr könne anderseits unmöglich als unmoralisch disqualifiziert werden. Es gebe auch eine Verpflichtung, dem Nächsten, der in Not ist, beizustehen.

Wir blenden hier die Debatte aus. Sie ermüdete mit der Zeit, erschöpfte sich auch und wurde schliesslich abgebrochen. Die Positionen waren längst bezogen. Ein Stellungskrieg der Argumente hüben und drüben. Einen ironischen Kommentar konnte man dem Beobachter der Szene nicht verübeln. Da lieferten sich einige Synodalen, die gewiss alle friedfertig waren und sehnlichst den Frieden wünschten, einen veritablen Schlagabtausch, ein Wortgefecht, wenn auch auf hohem Niveau. Wie man der «roten» (kommunistischen) Gefahr aus dem Osten – und um die ging es unausgesprochen selbstverständlich – begegnen sollte, da schieden sich die Geister, aber beide «Lager» bekamen in der Hitze des Gefechtes rote Köpfe.[23]

Der relativ hohe Zeitaufwand für Fragen um die christliche Verantwortung einer wehrhaften Schweiz stand im Bann der erstarrten Fronten auf Weltebene. Die Aussprache war ein Spiegelbild häufig geführter Diskussionen. Plakative Parolen machten die Runde, wie *Lieber tot als rot*, oder umgekehrt *Lieber rot als tot*. Gegen die Bedrohung durch eine atomare Katastrophe apokalyptischen Ausmasses wurde auch von manchen die Devise ausgegeben: *Wir wollen leben und nicht überleben.*

Das viel zitierte *Gleichgewicht des Schreckens* hatte in eine Sackgasse geführt. Man sah kein friedliches Ende der Ost-West-Spannung und der Teilung Europas ab. Die Spaltung schien auf unabsehbare Zeit zementiert. Die «Wende» von 1989 stand nicht in Sicht. – Es überraschte aber nicht, dass die Synode, die nicht nur ein Abbild der Kirche, sondern auch der Schweizerbevölkerung war, sich am Schluss doch eindeutig zur Armee als Friedensinstrument bekannte. Sie bezeichnete die Armee dabei freilich als

*letztes Mittel, um bewaffnete Aggressionen von aussen abzuweh-*
*ren, den Frieden des Landes in Selbstbestimmung zu sichern und*
*auch für Ordnung im Innern zu sorgen,*[24] und sprach den drin-
genden Wunsch aus, die Bundesverfassung dahin abzuändern,
dass sie den jungen Männern, die den Militärdienst aus Gewissensgründen verweigern, einen Zivildienst als Alternative ermöglicht.[25]

———

# 9. Heisse Eisen

Mit der Zeit kühlt alles ab. Oder man sagt, nichts werde so heiss gegessen, wie es gekocht sei. Die brennenden Fragen der vergangenen vier Jahrzehnte seit Konzil und Synode sind aber dieselben geblieben. Nichts deutet darauf hin, dass sich rasch etwas ändern wird. Es sind immer die unerledigten Sachen, die ständig aufgezählt, manchmal fast wie eine Gebetsmühle wiederholt werden. Bei einem Papstwechsel werden sie lautstark angemeldet. Die offiziellen kirchlichen Verlautbarungen sind zwar allen bekannt, die päpstlichen Urteile schon oft gefällt. Aber der Satz *Roma locuta, causa finita (Rom hat gesprochen, die Sache ist erledigt)* hat keine Gültigkeit. Im Gegenteil, ein lehramtliches Urteil heizt die Diskussion erst recht an. Rom lässt sich immer wieder vorgeblich letztinstanzlich vernehmen, offensichtlich in der Illusion, das Thema definitiv vom Tisch zu haben. Vergebliche Liebesmühe. Die Sache wird damit nicht ad acta gelegt, sondern verdrängt und damit vertagt. Und ein Verbot, weiter darüber zu reden und zu schreiben, hat noch nie etwas aus den Köpfen und Herzen vertrieben.

Daran hat sich seit der Synode rein nichts geändert. Nichts davon ist abgeschwächt oder hat sich durch nachlassendes Interesse von selbst erledigt. Dieselben Postulate standen bei der Synode an, die gleichen harren heute einer Lösung. Sie waren vor gut dreissig Jahren genauso präsent wie heute. Man könnte versucht sein zu sagen, da ist die Zeit stehen geblieben. Nur der Druck ist grösser geworden. Das Beharrungsvermögen des «Gottesvolkes» ist nicht zu unterschätzen.

## Kirchliche Dienste – Zölibat und *Viri probati* – Frauenordination

Auf dem Konzil hatte der Zölibat nicht auf der Traktandenliste gestanden. Das Priesteramt war eher unter «ferner» behandelt worden. Die Bischöfe waren unter sich und vor allem mit ihrem eigenen Amtsverständnis beschäftigt gewesen. Die Synode holte diese vernachlässigten Hausaufgaben nach und befasste sich ausgiebig mit den «subalternen» Dienstämtern der Kirche – vor allem auf der Stufe der Pfarrei – ihren Lebensformen, dem Zölibat und einer möglichen Priesterehe, aber auch mit den neu aufgekommenen kirchlichen Chargen in den Gemeinden. Entsprechend ihrer Kompetenz – oder soll man sagen Inkompetenz – musste sie sich mit Empfehlungen begnügen. Was die Synode an ausgewogenen und ausgefeilten Papieren erarbeitete, was alles darin steht über die Verantwortung aller in der Kirche, über den Dienst am Wort, an der Welt, am Glauben und an der Gemeinschaft, über die vielen Dienste und den einen Geist, gehörte ungekürzt und unverändert in jedes Handbuch der Pastoraltheologie. Die wenigen Sätze über die Gewissensbildung durch die Verantwortlichen in der Kirche zählen zum Feinsinnigsten, was die Synode gesagt und geschrieben hat:

*Die Kirche und die Verantwortlichen in der Kirche sollen vor der Persönlichkeit eines jeden grosse Achtung haben: Achtung vor seinem Gewissen und seiner Selbstwerdung, Achtung vor seinen Wünschen und Ängsten, vor seinen Talenten und seinen Grenzen. Diese können Zeichen für Gottes Willen sein. Sie sollen niemals die Schwäche und Unwissenheit von jemandem – und wäre es ein Kind – dazu missbrauchen, ihm ein Verhalten zu diktieren oder ihm eine Aufgabe aufzuzwingen. Vielmehr sollen sie in Erziehung und Bildung ihre Aufgabe darin sehen, die ihnen Anvertrauten auf ein Ziel hinzuweisen und zu motivieren.*[26]

In den 1950er Jahren hatten Rom und die französischen Bischöfe das Experiment der «Arbeiterpriester» abgewürgt. Aber das Anliegen schwelte weiter. Am europäischen Bischofssymposium in Chur 1969 wiederholten vor allem die aus Frankreich angereisten Priester die Forderung, auch in einem zivilen Beruf arbeiten zu dürfen. Die Synode trat unter gewandelten Umständen wieder darauf ein.

*Die Übernahme einer profanen Arbeit ist dann für den ordinierten Dienstträger nicht unangepasst, wenn diese profane Ar-*

*beit in echter Beziehung zum kirchlichen Dienst steht.*[27] Diese etwas vorsichtig schwammige Umschreibung wird näher damit be-
gründet, dass das Evangelium gegebenenfalls leichter und besser
ankommt, wenn der Verkünder der Frohbotschaft die Lebensbedingungen seines Milieus teilt. Im Hintergrund stand aber das
Anliegen, Männer und Frauen, die bereits in einem zivilen Berufs-
leben stehen, für einen kirchlichen Dienst zu gewinnen. Das hat
sich mittlerweile gut eingespielt. Und dann kam fast von selbst die
Frage auf, ob nicht die von einem profanen Beruf in den kirchlichen Dienst eingestiegenen Männer zu Priestern geweiht werden
sollen, auch wenn sie nicht eine akademische theologische Schu-
lung hinter sich haben, vorausgesetzt, dass sie sich in ihrer bisheri-
gen Tätigkeit bewährt haben und nicht aus Frust oder Versagen
daraus geflüchtet sind. Nun, auch das geht heute problemlos und
hat sich im Dritten Bildungsweg, einer mindestens indirekten
Frucht der Synode 72, institutionalisiert. Aber nun kommt der
springende Punkt: Die Bischöfe der lateinischen Kirche sollen
auch verheiratete Männer zu Priestern weihen dürfen, sofern sie
sich in Ehe und Familie bewährt haben. Das ist das Modell der
*Viri probati*, auf Deutsch, der bewährten Männer, dessen Umsetzung seither zuoberst auf der «Wunschliste» steht. Die Synode be-
fürwortete diese «Empfehlung». Der diesbezügliche Wortlaut
wurde gesamtschweizerisch Mitte September 1975 verabschiedet
und immerhin von der Bischofskonferenz gutgeheissen.[28]

Wäre dies der Anfang vom Ende des Zölibats, auf elegantem
Umweg angegangen? Rom sieht das wohl so – und wahrscheinlich auch zutreffend. Oder andersherum: Wenn Papst und Kurie
sicher sein könnten, dass auf diesem Weg künftig nur ein kleiner
Prozentsatz von Priestern verheiratet wäre, würden sie dem
wahrscheinlich zustimmen. Soweit meine Einschätzung. Realis-
tisch ist wohl die Annahme, dass mit den *Viri probati* die Priesterehe, wie sie die Ostkirche kennt, Einzug hielte. Darum sträubt
sich Rom so vehement dagegen.

Es gibt den bekannten Witz. Ein Ordensmann fragt den
Papst oder Bischof: *Darf ich zum Breviergebet rauchen?* Die Antwort ist: Nein. Ein schlauerer Pater fragt den Papst oder Bischof:

*Darf ich beim Rauchen beten?* Die Antwort ist: Ja. – Spass beiseite. Aber eine gewisse Parallele springt in die Augen. Die Hierarchie wollte nicht, dass Priester zu «Arbeitern» werden. Aber soll sie etwas dagegen haben, wenn «Arbeiter» Priester werden und teilzeitlich «Arbeiter» bleiben? Dass ein Priester nicht heiraten darf, scheint unumstösslich zu sein. Aber warum soll nicht ein Verheirateter Priester werden können? Den Befürwortern der Priesterehe ist klar, dass nur auf diesem Weg die Zölibatsgesetzgebung aufzuknacken ist. Und die Gegner der Priesterehe sind überzeugt, dass auf diesem Weg der Zölibat der Weltpriester zum Auslaufmodell wird. Beide Seiten haben wahrscheinlich recht.

In die gleiche Vorlage wurde auch die Frage um die Frauenordination verpackt. Die Synode verlangte, dass sich die Bischofskonferenz für die Diakonatsweihe der Frauen einsetze. Bei der Priesterweihe der Frauen gab sie sich zurückhaltender. Folgender Wortlaut wurde angenommen:

*Die gesamtschweizerische Synode gibt ... ihrer Befriedigung darüber Ausdruck, dass die internationale Theologenkommission beschlossen hat, die Frage der Priesterweihe der Frau zu studieren, und wünscht, dass diese Studien weitergeführt werden. Die Synode bittet die Bischofskonferenz, diesen Wunsch an die zuständigen Stellen in Rom weiterzuleiten.[29]*

In diesem Kontext preschte die Churer Synode mit einer *Zwischenlösung* vor. Der einschneidende Passus verdient es, im vollen Wortlaut wiedergegeben zu werden:

*Wo kein ordinierter Amtsträger zur Verfügung steht, oder wo es aus anderen Gründen für angezeigt erscheint, soll an dessen Stelle ein Laie (Mann oder Frau) die Gemeindeleitung übernehmen. Dieser Gemeindeleiter steht einem Seelsorgeteam vor. Diesem Team gehört ein ordinierter Priester an, der aber nur bestimmte (in der jeweiligen Situation zu umschreibende) Aufgaben übernimmt, die sich jedoch nicht nur auf die Sakramentenspendung beschränken sollen.[30]* Der letzte Satz wirkt etwas gequält: Einerseits soll der Priester, der «Pfarradministrator», im Hintergrund bleiben, und dann doch wieder in den Vordergrund treten. Wohl eine umständliche Kompromissformel. Die Synode von

Chur nahm am 27. November 1975 den Kommissionsbericht zustimmend zur Kenntnis und verabschiedete die Vorlage mit 118 Ja gegen 3 Nein, bei einer Enthaltung. Diözesanbischof Johannes Vonderach gab unmittelbar darauf sein Plazet.[31] Der erste Teil dieser Resolution, der Laie als Gemeindeleiter, hat unterdessen in der Deutschschweiz den Durchbruch geschafft. Das haben die Weichensteller in Chur wohl nicht in diesem Ausmass erahnt und erhoffen können.

Bei der Einsetzungsfeier des Papstes am 24. April 2005 nannte Benedikt XVI. bei der Begrüssung auch die «operatori pastorali». Darunter sind wohl die Pastoralassistenten zu verstehen. Dieser Begriff existierte bis dato in offizieller römischer Rede und Schreibe nicht. Der neue Pontifex Ratzinger wusste, wovon er sprach. Das war sicher kein Zufall. Und er habe sogar Verständnis für unsere Schweizer Verhältnisse. Das wenigstens bezeugen unsere Bischöfe.

Frauen waren an der Churer Synode gut vertreten und brachten sich stark zu Gehör. Eine Dame fiel durch ihre originellen, mit Humor gespickten Voten besonders auf. Gertrud Heinzelmann aus Benglen bei Zürich, promovierte Juristin und Rechtsanwältin, war eine schweizerisch bekannte Vorkämpferin für das Frauenstimmrecht und für die Gleichberechtigung der Frau. Sie wurde von Bischof Vonderach an die Synode berufen und hielt ihr trotz sich einstellendem Verleider die Treue. Sie würzte die Debatten, brachte Heiterkeit in die Verhandlungen und, mit einem Schuss Selbstironie ausgestattet, sich und die anderen zum Lachen. Katholisch nicht domestiziert, kam sie doch von ihrem angestammten kirchlichen Ursprung nicht los. Sie eckte aber immer an. Besonders ärgerte sie sich über die Vorstellung von minderwertigen weiblichen Embryonen im Denken des Philosophen und Theologen Thomas von Aquin aus dem 13. Jahrhundert. Gewiss war dieser spätestens seit dem Ende des 19. Jahrhunderts zum lehramtlichen Hoftheologen und zum erstrangigen Kirchenlehrer des katholischen theologischen Betriebs avanciert. Aber die von Frau Heinzelmann aufgegriffenen befremdlichen Anmerkungen waren zweifellos abwegige Randbe-

*Abb. 6:* Gertrud Heinzelmann bei einem ihrer zahlreichen Voten auf der Synode 72.

merkungen eines übrigens für seine Zeit sehr modernen und ausgereiften, der Vernunft vertrauenden Denkers, der nebenbei zur Frau und zur Sexualität ein positives und viel unbefangeneres Verhältnis hatte als etwa Augustinus. Während beispielsweise wir katholische Theologiestudenten und unsere Lehrer der 1950er Jahre diese missglückte und skurrile Anschauung des Aquinaten eher kopfschüttelnd als empört zur Kenntnis und auf alle Fälle nicht ernst nahmen, sondern als peinlichen Ausrutscher und mittelalterliches Fossil stehen liessen, ging Gertrud Heinzelmann offensichtlich davon aus, dass diese unzeitgemässe pränatale Sichtweise verhängnisvoll systemimmanent sei, als hartnäckige, frauenfeindliche Ideologie weiterhin ihr Unwesen in der Kirche treibe und den Frauen die Gleichberechtigung vorenthielte. Dabei trug Frau Heinzelmann ihrerseits ein seltsam abwertendes Verhältnis zur eigenen und zur Sexualität anderer mit sich herum. Als nach dem Konzil vermehrt die Abschaffung des Pflichtzölibats verlangt wurde, schwieg sie. Eine verheiratete Priesterin war für sie offensichtlich kein Thema.

Kirchliches und schweizerisches Aufsehen erregte Gertrud Heinzelmann mit ihrer Eingabe ans Zweite Vatikanische Konzil und ihrer Forderung nach völliger Gleichstellung der Frauen in der Kirche. Sie verlangte die Frauenordination. Ihr «Briefträger» und über längere Zeit ihre geistige Bezugsperson wurde der Benediktinerpater Placidus Jordan. Dieser, ein deutschsprachiger, amerikanischer Radiojournalist lutherischer Herkunft, war als Dreissigjähriger zum Katholizismus konvertiert. Die benediktinische Bindung an ein Kloster und die damit verbundene *Stabilitas* lagen ihm aber nicht. Viele Jahre betreute er das Ferienheim St. Karl in Illgau ob Schwyz. Gertrud Heinzelmann und Placidus Jordan, zwei ungleiche Charaktere, pflegten auf den schwyzerischen Höhen und in ihrer Korrespondenz ein theologisches und geistliches Katz-und-Maus-Spiel. Sie neckten und nervten einander. Eine eigenartige Freundschaft zweier unkonventioneller Menschen.[32]

Pater Placidus Jordan reiste zum Konzilsbeginn nach Rom, arbeitete im bischöflichen Pressedienst und rückte zum «Peritus»

(Fachmann) am Konzil auf. Damit erhielt er Zugang zu vielen und zu vielem und bot sich seiner Brieffreundin als *seiner Chefin gehorsamster Geheimsekretär* an. Er hielt Frau Heinzelmanns Eingabe, so gut es ging, warm. Placidus Jordan benützte seine ausgezeichnete Beziehung zu einem amerikanischen Bischof und setzte für ihn eine Rede auf, in der und mit der er sich als Anwalt von Gertrud Heinzelmanns Anliegen verstand, schwächte aber ihre Forderungen ab und begnügte sich mit dem Wunsch nach der Diakonatsweihe für die Frau. Sein bischöflicher «Mitspieler» war gewillt, sich in diesem Sinn – für einen Konzilsvater recht weit – vorzuwagen. Leider wurde eine Sitzung der letzten Konzilssession 1965 vorzeitig abgebrochen, und Erzbischof Paul Hallinan von Atlanta, der auf der Rednerliste stand, kam nicht mehr zu Wort. Das war wohl ein vorsorglich gezielt verpasster Maulkorb. Das liessen sich die beiden Männer, der Erzbischof und sein Berater, nicht bieten und veranstalteten *ein Trommelfeuer mit Publizität*. Als ehemaliger Kriegsreporter mehrerer Sprachen mächtig, verblüffte Placidus Jordan die versammelte Weltpresse und machte den unterschlagenen Vorstoss seines Erzbischofs öffentlich. Der «Osservatore Romano» ging darauf höchst ungnädig mit Konzilsvätern und Theologen um, die gar das Frauenpriestertum verlangten.

Taktisch hatte Placidus Jordan wohl richtig gehandelt, indem er den Forderungskatalog seiner Schweizer «Klientin» abschwächte und damit entschärfte. Hans Küng stützte Jahrzehnte später die Vorgehensweise seines Peritus-Kollegen: *Das einzige, was am Konzil möglich gewesen wäre, war die Zulassung der Frauen zum Diakonat. Doch diese wurde abgewürgt aus Angst, dass nach dem Diakonat das Frauenpriestertum folgen würde.*[33]

## Sex und Ehe – Ehescheidung und Wiederverheiratung

Zu den klassisch kirchlichen Themen zählen seit eh und je Sexualität, Ehe und Familie. Unbestritten kam auf der Synode 72 die gewandelte positive Grundeinstellung zur Geschlechtlichkeit, über den Zweck von Zeugung und Empfängnis hinaus, zum Ausdruck. Es fiel Synodalen damals angenehm und befreiend auf, wie die Kirchenversammlung Sexualität als menschlichen Grundwert würdigte und bejahte, ohne Scheuklappen und ohne moralisierenden Unterton die sexuelle Entwicklung und Reifung detailliert zur Sprache brachte.

Die gelebte Wirklichkeit tat das ihre. Innert weniger Jahre wurde das Zusammenleben ohne Trauschein gesellschaftsfähig. Die Kantone liessen, einer nach dem andern, das Konkubinatsverbot fallen. Sexualität ausserhalb der Ehe war kein Tabu mehr. Die Synode sprach und schrieb trotzdem unbeirrt von vorehelicher Sexualität, als ob die ausserehelichen Sexualpartner fast ausnahmslos den Verlobungsring am Finger trügen. Ein zwanzigjähriger Synodale meinte denn auch, man würde ehrlicherweise besser von ausserehelicher statt vorehelicher Sexualität reden. Die Synode ging aber darauf nicht ein und vermied den Begriff ausserehelich. Mit vorehelich wollte man die Sache entschärfen. Man konnte natürlich diese verbreitete Praxis nicht gutheissen, aber eine explizite Verurteilung wäre auch schlecht angekommen oder hätte sich gar als kontraproduktiv erwiesen. Wenn Sexualität in einer Partnerschaft vorweggenommen wird, die auf die Ehe zielt, kann man mehr Verständnis dafür aufbringen. Die Synode räumte auch ein, dass christliche Sittlichkeit sich nicht auf Normen und Regeln wie «erlaubt» oder «verboten» stützen könne. Der Schwerpunkt wurde auf verantwortetes Sexualleben gelegt.

Ohne die Enzyklika «Humanae vitae» im Kommissionsbericht zu nennen, überging das Synodenpapier unverhohlen die päpstlichen Richtlinien und ging auch weiter als die Erklärung der Schweizer Bischöfe zu «Humanae vitae» vom 11. Dezember 1968. Diese liess als äusserstes Zugeständnis gelten, Ehegatten dürften annehmen, *dass sie vor Gott nicht schuldig sind, wenn sie im Einzelfall nicht alle Weisungen der Enzyklika über die Empfängnisregelung erfüllen können, dabei aber nicht aus Egoismus und Bequemlichkeit handeln...*[34]

Was sagte nun die Synode dazu? *Zur Familienplanung gehört die Verhütung nicht verantwortbarer Schwangerschaften.*

Und weiter: *Die Frage der Methode entscheiden die Ehegatten nach ihrem christlich gebildeten Gewissen. Sie haben sich vorher sorgfältig zu informieren und, falls notwendig, den Rat von Fachleuten einzuholen.*[35] Kinderreiche Familien könnten aber auch heute noch ein Segen sein, wurde beschwichtigend beigefügt. – Klar lehnte die Synode den Schwangerschaftsabbruch ab. Er dürfe auf keinen Fall eine Methode zur Familienplanung sein. Völlige Straflosigkeit als auch Fristenregelung seien abzulehnen. (Die Gesetzgebung ist darüber unterdessen hinweggegangen, auch mit Unterstützung von CVP und katholischen Frauenverbänden.) Wenn eine verzweifelte Frau den Schwangerschaftsabbruch als Ausweg gewählt habe, solle man sie nicht verachten, sondern ihr seelisch beistehen. Ledige Mütter dürften nicht diskriminiert werden, sondern verdienten Unterstützung.

Für unfreiwilligen Humor sorgte in diesem Kontext der Zürcher Generalvikar Hans Henny. Die Synode gebrauchte gelegentlich Abkürzungen. GV für Geschlechtsverkehr hatte sich eingebürgert. GV ist aber auch das gängige Kürzel für Generalvikar. Henny, ahnungslos und unschuldig, erkundigte sich eines Tages erstaunt und leicht ungehalten, warum der Generalvikar wiederholt mit dem Sexbereich in Verbindung gebracht werde, weiss Marionna Theus schmunzelnd zu erzählen.

Die Synode befasste sich auch mit der Homosexualität. Mit dieser Tatsache müsse man leben und entsprechend damit umgehen. Das Phänomen der Gleichgeschlechtlichkeit dürfe nicht auf Sex reduziert werden. Treffender wäre für diese Menschen der Ausdruck «Homotrope» (gleichgeschlechtlich Geneigte). Diese Anregung fand keine Abnehmer. Die Homosexuellen bekennen sich selber als «Schwule» und «Lesben». Im übrigen verurteilte die Synode jede Ächtung homosexueller Menschen. Die Gesellschaft müsse sie *in ihrer Menschenwürde respektieren und ihnen helfen, sich mit ihrer Neigung anzunehmen und in Verantwortung zu leben.* Das entspreche dem Verhalten Jesu.[36] (Mit der Annahme des Bundesgesetzes über die registrierte Partnerschaft für homosexuelle Paare vom 5. Juni 2005, das zwar von der CVP unterstützt, aber von der Schweizer Bischofskonferenz abgelehnt wurde, ist man weit über die Anliegen der Synode 72 hinaus-gegangen.)

Dass eine Ehe auch scheitern kann und die Zahl der Ehe-scheidungen zunimmt, musste die Synode zur Kenntnis nehmen und sie gleichzeitig alarmieren. Sie stellte für Ehen in Reifung und Krise kluge Ratschläge bereit. Das Ehegericht sollte ergänzt werden durch eine «Pastorale Ehekommission», die sich mehr von seelsorglichen Erwägungen als von juristischen Kriterien lei-ten liesse. (Eine solche wurde indes nie eingesetzt.) Als Fernziel sei sogar die Ersetzung der diözesanen Ehegerichte durch pasto-rale Ehegremien anzustreben. Als Sofortmassnahme solle die Un-auflöslichkeit der Ehe theologisch neu überlegt werden. Die Zu-sammensetzung der Ehegerichte und das Prozessverfahren müssten *gründlich überdacht und neu geregelt werden.*

Eine Ehescheidung widerspreche grundsätzlich immer dem Willen Jesu, aber es widerspreche ebenso sehr dem Willen Jesu, Gescheiterte und Geschiedene auszugrenzen, hielt die Synode fest. Und dann stellte sie sich eingehend der Frage, wie mit ihnen pastoral und liturgisch umzugehen sei, ob Geschiedene und Wie-derverheiratete zu den Sakramenten, sprich zum Kommunion-empfang, zugelassen werden dürfen. Wenn man bedenkt, wie in der Praxis – unabhängig von der Legitimität der Zulassung – der Kommunionempfang vielfach leger und oft erschreckend ober-flächlich zum «eucharistischen Leerlauf» verkommt, müssten die hochoffiziellen kirchlichen Stellen eigentlich dankbar sein für die überaus sorgfältigen Wegweisungen, welche die Synode 72 erar-beitet hat. Ohne die Radikalforderung Jesu nach ehelicher Treue abzuschwächen, dürfe und solle man sich an Jesu Barmherzigkeit im Umgang mit Schuld und Versagen orientieren. Konkret: Bevor wiederverheiratete Geschiedene zum Tisch des Herrn gehen, sol-len sie ihr Gewissen befragen und die Bereitschaft erbringen, *be-gangene Schuld unter die Vergebung Gottes zu stellen und eine fortbestehende Verantwortung gegenüber dem ersten Partner und den Kindern aus dieser ersten Ehe zu erfüllen.* Ferner sei ent-scheidend, dass die neue Verbindung zivilrechtlich geregelt sei. Das Verlangen nach den Sakramenten müsse auf seine Seriosität getestet werden, ein Seelsorger sei beratend beizuziehen, und jedes öffentliche Ärgernis müsse vermieden werden.[37]

Die Synode nahm am 18. November 1973 und am 17. November 1974 die Kommissionsberichte zustimmend zur Kenntnis und verabschiedete die Synodenvorlagen mit 108 Ja- gegen 10 Nein-Stimmen, bei 7 Enthaltungen, beziehungsweise mit 118 Ja gegen 3 Nein bei 2 Enthaltungen. Der Bischof brachte bei seiner Zustimmung am 18. November 1973 einen Vorbehalt ein: *Ich kann diesem Dokument zustimmen. Ich möchte aber darauf hinweisen ... dass dieser Text nicht eine erschöpfende und vollständige Darstellung aller Fragen über Sexualität und Ehe ist. Diese muss unter Berücksichtigung der Gesamtlehre der Kirche, besonders des Zweiten Vatikanischen Konzils mit seiner Pastoralkonstitution erschlossen werden.*[38]

## Ökumene

Ein eigener Sachbereich widmete sich dem Zusammenleben der Kirchen. Die Grosskirchen waren zu Beginn der 1970er Jahre in der Schweiz beinahe paritätisch geworden: 49 Prozent katholisch, 48 Prozent reformiert. Dieses Gleichgewicht erleichterte das Zusammenleben und den Dialog. Ferner war die leidige Hypothek der Mischehen durch die Richtlinien der Bischofskonferenz von 1970 einer gütlichen Regelung zugeführt worden. Das Terrain war aufgelockert.

Auf heissem Pflaster bewegte sich die Synode um die getrennten Tische und die Einladungen dazu, die auch später bis in die Gegenwart viel zu reden gaben und geben. Die Synode unterschied zwischen der Zulassung nichtkatholischer Christen zur Kommunion und der Teilnahme von Katholiken an nichtkatholischen Abendmahlsfeiern. Für ersteres befand sich die Synode in etwa im Rückenwind des Konzils und anschliessender Ausführungsbestimmungen, die aber nur Ausnahmen vorsahen. Die Synode 72 ging einen Schritt weiter, wenn sie formulierte:

*Ein Christ, der aus dem gleichen eucharistischen Glauben lebt wie die katholische Gemeinde, aber in einer Gemeinschaft geboren wurde, die von der vollen Gemeinschaft mit der katholischen Kirche ... getrennt ist ... ein solcher Christ muss zum eucharistischen Mahl zugelassen werden, wenn seine Bitte einem wahren geistlichen Bedürfnis entspricht und er wegen physischer oder moralischer Unmöglichkeit die Kommunion in der eigenen Gemeinde nicht empfangen kann.*[39] Das liest sich etwas weit herbeigeholt und theoretisch und liesse sich nach diesem Wortlaut in unseren Verhältnissen am ehesten auf Christkatholiken anwenden. Die Synode hatte aber vor allem Mischehepaare im Auge. Sie schrieb: *Angesichts der Glaubens- und Lebensgemeinschaft bekenntnisverschiedener Ehepaare betrachten die Schweizer Synoden die Frage der ‹eucharistischen Gastgemeinschaft› für Mischehenpaare als besonders dringlich. Nichtkatholische Christen sollen unter gewissen Umständen und unter bestimmten Bedingungen von katholischen Gemeinden brüderlich zum Tisch des Herrn zugelassen werden.*[40]

Was das zweite betrifft, die reziproke Teilnahme von Katholiken an nichtkatholischen Abendmahlsfeiern oder an der «Göttlichen Liturgie», wie das in der Orthodoxie heisst, wird es komplizierter. Im Anschluss an das Konzil wäre zwar katholischer Kommunionempfang in einem orthodoxen Gottesdienst unter gewissen Umständen nicht nur durchaus möglich, sondern gegebenenfalls sogar ratsam, da sie ja dasselbe Sakraments- und Amtsverständnis haben. Soweit die römische Seite. Da hat man aber die Rechnung ohne den Wirt gemacht. Wir werden von den Orthodoxen gar nicht eingeladen. Das widerspricht ihrem eng und streng gefassten Kirchenverständnis. Sie gehen ihrerseits in einem katholischen Gottesdienst auch nicht zur Kommunion. Als vor nicht langer Zeit in der Seminarkirche St. Luzi in Chur eine orthodoxe Priesterweihe stattfand, hat der bischöfliche Konsekrator den Bischof von Chur als Gastgeber und Gast zugleich und die zahlreich anwesenden katholischen Gottesdienstteilnehmer zwar überaus herzlich und brüderlich begrüsst, aber es unterblieb wohlweislich eine Einladung zum Kommunizieren.

Relevanter ist in unseren Breitengraden der Besuch reformierter Gottesdienste durch Katholiken. Da fand die Synode es angebracht, dass die Präsenz an einem ökumenischen Sonntagsgottesdienst dem Gebot der Sonntagspflicht Genüge leiste. Das ist das eine, brenzliger ist das andere. Die reformierten Pfarrer und Pfarrerinnen laden in ihren Gottesdiensten immer ausdrücklich alle Anwesenden als ihre Abendmahlsgäste ein. Die Synode 72 wollte eine Brücke bauen. Katholiken sollten, wenn sie *den Empfang des evangelischen Abendmahls für möglich oder für geboten betrachten* – was soll diese gewundene Formulierung? – *weder von ihrem eigenen Gewissen beschuldigt noch von den kirchlichen Autoritäten ... eines fehlerhaften Verhaltens bezichtigt werden.* Mit anderen Worten: Eine gewissenhafte und ausnahmsweise Teilnahme von Katholiken am reformierten Abendmahl dürfe nicht als Bruch mit der eigenen Kirchengemeinschaft ausgelegt werden.[41]

Gebündelt genommen sieht die Sache für Rom zurzeit wohl so aus: Eine katholische Teilnahme am evangelischen Abendmahl wird abgelehnt, eine Tischgemeinschaft evangelischer Christen an einer katholischen Eucharistiefeier kann ausnahmsweise gestattet werden oder erlaubt sein. Nur eben müssten es nach römischer Sicht Ausnahmen bleiben. Man will offensichtlich keine Generalregelung. Päpstliches und vorpäpstliches Verhalten bestätigt diese Interpretation. Papst Johannes Paul II. gab einmal dem anglikanischen britischen Premierminister Tony Blair die Kommunion. Das geschah in einem geschlossenen Rahmen. Aber am Beerdigungsgottesdienst für Johannes Paul II. auf dem Petersplatz am 8. April 2005 reichte Kardinal Joseph Ratzinger, damals noch Präfekt der Glaubenskongregation, dem gebrechlichen, im Rollstuhl angefahrenen reformierten Prior von Taizé, Roger Schutz, demonstrativ herzlich die Kommunion.[42]

Da hinein passt eine bezeichnende Episode, ein «Zwischenfall» an der Churer Synode 72. Der reformierte Zürcher Delegierte Werner Kramer besuchte regelmässig die synodalen Eucharistiefeiern und kommunizierte, offenkundig mit stillschweigender Billigung von Johannes Vonderach. Ein Synodale forderte eines Tages den Bischof auf, alle Reformierten zur Kommunion einzuladen, was der Bischof so nicht konnte und auch nicht wollte. Das war gut gemeint, aber auch nicht zur Freude von Herrn Kramer, der erklärte, nach diesem überhasteten Vorstoss in die Öffentlichkeit habe er nicht mehr die innere Freiheit, zur Kommunion zu gehen.

Zum Ganzen noch eine abschliessende Bemerkung. Man sollte das Anliegen der «eucharistischen Gastfreundschaft» oder der Abendmahlsgemeinschaft auch nicht höher schrauben, als es das verdient. Das Abendmahl hat nun einmal in der Praxis der schweizerisch-reformierten Kirche nach wie vor nicht annähernd den Stellenwert wie die Eucharistiefeier in der katholischen Kirche. Bei einschlägigen ökumenischen Feiern wie Trauung oder Abdankung stellt sich die Frage konkret so gut wie nie. Es bedürfte auch auf reformierter Seite einer vermehrten Überprüfung der eigenen Abendmahlspraxis und einer diesbezüglichen Kultur. Der katholischen Kirche ihrerseits bekäme ein sparsamerer Umgang mit Eucharistiefeiern gut.

Ökumenische Abmachungen erfordern Verbindlichkeit auf beiden Seiten. Und da tut sich die reformierte Seite schwer. Wenn von katholischer Seite die Überprüfung des Amtsverständnisses angemahnt wird, geschieht das zu Recht. Aber weder die alten Apostolischen Glaubensbekenntnisse noch das reformierte Zweite Helvetische Bekenntnis sind für die Pfarrerinnen und Pfarrer der Schweiz verbindlich. Die gegenseitige, katholisch-reformierte Anerkennung der Taufen vor über dreissig Jahren war ein Durchbruch, aber dieser wird wieder zugemauert, wenn man sich nicht an die ausgehandelten Abmachungen hält.

## Ein Weihbischof für Zürich?

Diese Frage erledigte sich an der Synode von selbst. Fürs erste, wohlverstanden. Man ist versucht zu sagen, sie sei der einzige Beschluss von Gewicht, mit dem die Synode sich durchgesetzt hat. Nun, um was ging es? Um eine Aufwertung Zürichs. Seit der staatlichen Anerkennung der katholischen Kirche im Kanton Zürich war aus der einstigen Bettelkirche in der Diaspora ein wohlhabendes kirchliches Stammland geworden. Die Annahme des Kirchengesetzes 1963 fiel in eine wirtschaftlich prosperierende Zeit. An Geld fehlte es den Zürcher Katholiken fürderhin nicht mehr. Zahlenmässig lebten in Stadt und Kanton Zürich zudem mehr Katholiken als in allen anderen Kantonen des Bistums Chur.

Zürich als grösste Schweizer Stadt färbte zusehends auch auf das Selbstbewusstsein ihrer Katholiken ab. 1956 war Zürich ein eigenes Generalvikariat zugestanden worden. Das erlaubte eine stärkere Distanz zum wenig geliebten Churer Ordinariat, selbst wenn der erste Generalvikar Alfred Teobaldi bei seinen Mitbrüdern seinerseits auch nicht übermässig beliebt war.

*Kann denn aus Chur etwas Gutes kommen?* So oder ähnlich hörte es sich beim Zürcher Klerus an. (In diesen Chor stimmten auch Innerschweizer Amtsbrüder und Politiker ein.) Fest steht, dass Zürich eine strukturierte und gut funktionierende Kantonalkirche hatte, die über kräftige Finanzen verfügte. Man erfreute sich einer gewissen Autonomie innerhalb des Churer Diözesanverbandes. Zürich verstand sich als «Pilotkanton», so formuliert von Willy Kaufmann. Mit einer Ablösung von Chur und der Idee eines Bistums Zürich liebäugelte man gern – vor und nach der Synode 72. Dem aber standen und stehen weiterhin gewichtige Gründe entgegen, an erster Stelle die fehlende Freiheit in der Bischofswahl. Und eine Neueinteilung der Bistümer der Schweiz, die auch von der Synode 72 angeregt wurde, kam nicht vom Fleck, weil die Entscheidungsträger gar nicht darauf eintreten wollten, als sie die geplante neue Kirchenkarte der Schweiz vor sich ausgebreitet sahen. Die ganze Übung blieb ein Sandkastenspiel, was Einsichtige vorausgesehen hatten.

Aber wenigstens ein Weihbischof allein für Zürich? Das wäre eine vorläufige Krönung und vielleicht ein erster Schritt in eine spätere Unabhängigkeit als Fernziel. Wer weiss. Bischof Vonderach jedenfalls und offensichtlich auch Rom waren geneigt, den Zürchern einen Weihbischof zu geben. Nur wer soll das werden? An der Personenfrage scheiterte das ganze Projekt. Der vorgesehene Weihbischof schwebte wie ein Gespenst über dem Synodenplenum. Man kannte seinen Namen, aber nannte ihn nur hinter vorgehaltener Hand, und die Mehrheit der Zürcher wollte ihn nicht. Die umstrittene Kandidatur war der Generalvikar Hans Henny. Die Synode wand sich um die delikate Angelegenheit und drehte das heikle Thema wie eine heisse Kartoffel. Man setzte eine Sonderkommission ein, die Josef Pfammatter in Anlehnung an diverse kursierende Abkürzungen ironisch «SyKoWeiBiZü» (Synodenkommission Weihbischof Zürich) nannte. Henny war klug genug und blieb der faktisch entscheidenden Aussprache fern, als er den Widerstand merkte. Aber auch in seiner Abwesenheit vermieden es die Votanten mit einer Ausnahme, seinen Namen auszusprechen. Man beschränkte sich auf Einwände, die plausibel machen sollten, dass es einen Weihbischof gar nicht bräuchte oder eine Einsetzung im aktuellen Zeitpunkt nicht opportun wäre. Der Bischof könne, wenn er überlastet sei, Firmungen oder andere episkopale Kerngeschäfte durchaus auch an nicht bischöfliche höhere Chargen delegieren, wurde ins Feld geführt. Und man witterte wohl eine mögliche Gefahr für den labilen konfessionellen Frieden in der Stadt Zwinglis. Es solle auch einer allfälligen Neueinteilung der Bistümer nicht vorgegriffen werden. Fazit: Die Synode winkte ab, und die Sache war vom Tisch. Henny wurde mit der Ernennung zum «Apostolischen Protonotar» entschädigt, eine Würde, die es ihm gestattete, eine Mitra zu tragen. – Der «Fall Haas» wird zwanzig Jahre später mühelos den Weg für einen Weihbischof in Zürich öffnen, und erst noch für einen Jesuiten – vierzig Jahre nach einer hitzigen Jesuitendebatte im Zürcher Kantonsrat.

Der Ausgang zeichnete sich bald einmal ab. Der Weihbischof für Zürich blieb auf der Strecke. Wir können das Thema abhaken. Es ist gleichsam im Keim erstickt worden, bevor es Geschichte wurde. Warum nehmen wir es überhaupt in diesen Bericht auf? Weil es im Wissen um spätere Ereignisse auffällt, wie behutsam vorsichtig Bischof Johannes Vonderach damals ans Werk ging. Er gab zu diesem Traktandum eine längere «Regierungserklärung» ab. Die hören wir uns zum Schluss noch genauer an. Einleitend gab der Bischof zu verstehen, dass er an der Synode sich wieder einmal *zur hörenden Kirche zählen* dürfe. Er möchte nun eine wichtige Sache *gemeinsam besprechen*. Der Bischof führte am 23. November 1972 – am ersten Tag der Synode 72 – unter anderem Folgendes wörtlich aus:

*Wie Sie wissen, ist die Frage eines Weihbischofs in Zürich wiederholt diskutiert worden. Sie geht eigentlich auf viele Jahre zurück, ist aber in der letzten Zeit, und gerade auf diese Synode hin, durch vermehrte Wünsche zur Abklärung an mich herangetragen worden. Nach reichlicher Prüfung der Angelegenheit und nach Besprechung in verschiedenen zuständigen Gremien habe ich am 28. August dieses Jahres die Priester der Diözese vom Plan und von der Absicht in Kenntnis gesetzt, beim Papst vorstellig zu werden, er möchte für unser Bistum einen Weihbischof ernennen ... Zu gleicher Zeit richtete ich eine Umfrage an die Mitglieder des Priesterrates der Diözese, um deren Stellungnahme in dieser Angelegenheit zu erfahren ... In der Frage Weihbischof in Zürich handelt es sich nicht um einen Koadjutor, sondern um einen Weihbischof, also ohne Recht der Nachfolge ... Ich will nicht verhehlen, dass besonders von Zürich her – und fast nur von Zürich her – auch Stimmen laut wurden, die Bedenken gegen diesen Plan eines Weihbischofs geäussert haben. Man kann auf diese Bedenken im einzelnen eingehen, ich möchte aber jetzt hier der Diskussion nicht vorgreifen ... Die Aussprache und die weiteren Darlegungen, so hoffe ich, werden es den Synodalen ermöglichen, in der Frage eine objektive Schau zu gewinnen und dadurch auch beizutragen, dass die Meinungsbildung ergänzt wird ... Dem Bischof war es bei dieser Frage daran gelegen, den Zürcher Katholiken einen Dienst zu erweisen und eine weitere pastorelle Hilfe zu bieten. Er möchte selbstverständlich eines nicht, nämlich den Zürcher Katholiken Sorgen und Schwierigkeiten bereiten ... Durch die bereits erfolgten Beratungen, wie auch durch die Aussprache an der Synode hoffe ich, eine sowohl für das ganze Bistum wie auch für Zürich sehr wichtige Frage klären zu können und den Weg für eine gute Lösung eines so bedeu-*

*tungsvollen Anliegens zu finden, indem wir die Stimme der Zeit weder missverstehen noch überhören dürfen...*[43]

Ein kaum überbietbarer Kontrast zum Verhalten des Bischofs fünfzehn Jahre später, als er die Bestellung eines Koadjutors – seines Nachfolgers – im Alleingang, ohne Konsultation diözesaner Gremien, fern jeder Transparenz, auf Schleichwegen, gegen den Willen des Bistums betrieb und anschliessend eine zehnjährige Kirchenkrise auslöste.

# 10. Ergebnis – Ernüchterung und Fernwirkung

Die Synode 72 war eine gross angelegte Selbstbesinnung des Schweizer Katholizismus der Nachkonzilszeit, eine Manifestation der Volkskirche, im gewissen Sinn eine mindestens vorläufige Schlussfeier des auslaufenden katholischen «Milieus». Katholikentage alten Stils hatten ausgedient. Der letzte Katholikentag lag knapp zwanzig Jahre zurück. Das war 1954 in Freiburg. Die Katholikentage waren periodisch wiederkehrende Grossanlässe der ersten Hälfte des 20. Jahrhunderts gewesen. Sie hatten sich im Lauf der fünf Jahrzehnte gewandelt. Stand am Anfang die kraftvolle Demonstration nach aussen, verschoben die späteren Kirchentage den Akzent mehr auf liturgische und geistige Selbstdarstellung und Besinnung. Die katholische Innenwelt war aber 1972 nicht mehr zu vergleichen mit der Befindlichkeit von 1954.[44]

Zur Bilanz. Im Mittelpunkt der Synode 72 stand das Ereignis als solches. Es waren für die meisten Beteiligten Tage intensiver Kirchenerfahrung. Ein Grossunternehmen, das in der schweizerischen Kirchengeschichte einmalig dasteht. Ein gewaltiger Lernprozess, von dem die Teilnehmer weitaus am meisten profitierten. Die Stimmung drinnen liess sich nicht nach draussen vermitteln. Ausserhalb der Kommissionen, der Plenarversammlungen und der synodalen Gottesdienste war von Aufbruch kaum etwas zu spüren. Das Interesse derer, um die es eigentlich gehen sollte, war gering. Wenige nahmen nur wenig zur Kenntnis, trotz sorgfältiger Berichterstattung und angestrengter Öffentlichkeitsarbeit.

Wer sich alles vornimmt, übernimmt sich. Die Synode war eindeutig thematisch überladen. Dazu gesellte sich die mangelnde Kompetenz dieser Kirchenversammlung. Sie konnte nur Empfehlungen aussprechen. Auch wenn der einzelne Bischof vieles unmittelbar nach einer Abstimmung bestätigte, war die Durchsetzung ungewiss. Ein Pfarrer, der von der Synode nichts hielt, wurde kaum von oben dazu angehalten, seine Pastoration den Beschlüssen der Synode anzupassen. Dem steht indes auch positiv gegenüber, dass Pfarrer und andere Seelsorger und Seelsorgerinnen sich für gewisse Massnahmen oder Änderungen auf die Synode und deren Ratifikation durch den Bischof oder gar die Bischofskonferenz berufen konnten.

Die Rezeption in der Öffentlichkeit war also gering. Da gab es zum Beispiel einen Beschluss, der dazu riet, als Firmpaten wieder die Taufpaten anzufragen, um auf diese Weise die Firmung als Vollendung der Taufe herauszustreichen. Theologisch einwandfrei. Dem hätte auch kein Bischof oder Papst widersprochen. Aber lebensnah war das nicht. Die Taufpaten möchten ja nicht unbedingt ein zweites Mal zur Kasse gebeten werden. Dieser fromme Wunsch der Synode wurde überhaupt nicht zur Kenntnis genommen, geschweige denn umgesetzt.

Die Einführung der Bussfeiern, die in eine eigentliche Marktlücke sprangen, lief neben der Synode oder parallel zu ihr. Die Schweizerische Bischofskonferenz unterschied mehrere Formen der liturgischen Versöhnung. Dazu das Wichtigste: 1. Die Einzelbeichte. 2. Die gemeinsame Bussfeier mit anschliessendem Einzelbekenntnis und persönlicher Lossprechung. 3. Die allgemeine Bussfeier mit sakramentaler Generalabsolution. Die dritte Variante erwies sich in der Folge als der am meisten begangene schweizerische Weg, obwohl eigentlich nur als Notstandsmassnahme gedacht. Aber in der Kirche Schweiz wurde in vergangener Zeit zunehmend das Ausserordentliche zum Normalfall. Die Schweizer Bischöfe führten als möglichen Notstand den Umstand an, dass vor Weihnachten und Ostern der Ansturm auf die Beichtstühle so gross werden könnte, dass die immer weniger zur Verfügung stehenden Priester überfordert wären. Ob das die Bischöfe selber geglaubt haben? Oder war es eher eine pastorale List?[45] Da gibt es ja die alte realistische Erfahrungsweisheit über das Verhältnis von Grösse der Pfarrgemeinde und der Kirche. *Wenn alle hineingingen, gingen nicht alle hinein. Da aber nicht alle hineingehen, gehen alle hinein.* Darauf bezogen, war es schon vor dreissig Jahren klar, dass die Priester den Ansturm der Pönitenten problemlos bewältigen würden. Der Notstand, der die sakramentale Bussfeier rechtfertigt, ist trotzdem gegeben, aber anders herum.

Ohne Bussfeiern mit dem Angebot der Lossprechung würde das Busssakrament aus den meisten Pfarrkirchen und in absehbarer Zeit auch aus dem Bewusstsein verschwinden. Es gibt religiöse Ballungszentren wie Klöster oder «Beichtkirchen» an zentralen Orten, wo die Einzelbeichte, vorzüglich auch das Beichtgespräch, nach wie vor oder sogar vermehrt gefragt ist. Aber das sind die Ausnahmen. Mit der Abstellung der Bussfeiern würde man keine Menschenseele in den Beichtstuhl zwingen. Zudem wird im grösseren Zusammenhang heutzutage sogar mehr «gebeichtet» als früher, in diversen Sprechzimmern, oder einfach von Mensch zu Mensch. Nichts ist das auch nicht.

Fragen, welche die Synode noch beschäftigten, erledigten sich von selbst oder veränderten ihr Gesicht. Das Phantom der «kirchenfreien Christen», dem die Synode nachging, entpuppte sich in anderer Gestalt. Man kann jetzt schwerlich definieren, wer draussen und drinnen ist. Kirchenchristen selber nehmen sich schon seit geraumer Zeit die Freiheit, von den Heilswahrheiten die auszuwählen, welche ihnen zusagen, und passen sie erst noch ihren Bedürfnissen an. Das erklärte oder unartikulierte «Auswahlchristentum» dominiert unter heutigen Kirchgängern.

Die Beschlüsse der Synode gingen nach Rom. Beim Abschluss in Chur wurden nichtssagende Grussbotschaften zwischen Bischof und Papst ausgetauscht. Im Übrigen blieben die Akten, die via Berner Nuntiatur auf päpstlich-kurialen Schreibtisch gelangten, in Rom liegen. Einmal beklagte man sich aus dem Vatikan über die Papierstösse. Man käme nicht nach mit Lesen. Das war keine faule Ausrede. Es war schon etwas viel, und insofern war diese Reaktion verständlich. Was die Synodalen allerdings am meisten bewegte, bewegte in Rom schlicht niemand. Nach Mitteilung von Josef Pfammatter blieben «Viri probati», Frauenordination, Kommunion für wiederverheiratete Geschiedene ohne römisches Echo. Ivo Fürer gab bei einem Besuch in Rom auf besorgte Ermahnungen der Kurie, man möge ja nichts überstürzen, zu bedenken: *Gewiss könnten Synoden durchaus ein Risiko mit sich bringen. Eine Grabesruhe sei aber noch ein grösseres Risiko für die Kirche.*[46]

Eine Gefahr für die innere Sicherheit schien die Kirche Schweiz für Rom tatsächlich zu sein. Alle Diözesansynoden einigten sich auf den Vorschlag, einen schweizerischen «Pastoralrat» ins Leben zu rufen. Die Bischofskonferenz schloss sich diesem Anliegen an, und ein Statut lag auch schon bereit. Da legte Rom das Veto ein. Als Ersatz dafür wurde Ende 1978 in Einsiedeln ein «Interdiözesanes Pastoralforum» durchgeführt. Die Veranstaltung erwies sich allerdings mehr als Probelauf denn als effiziente Tagung. Ein zweites und bisher letztes Pastoralforum fand im Herbst 1981 in Lugano statt. Auf der Tagesordnung stand die «Lebendige und missionarische Gemeinde – ihre Dienste und Ämter». Eine Empfehlung wurde eingebracht, Laien (Männer und Frauen) als Gemeindeleiter einzusetzen. Das Modell der Churer Synode machte Schule.

Und was geschah sonst noch mit der Synode 72? Nach übereinstimmenden Einschätzungen leitender Persönlichkeiten blieb die Nacharbeit weitgehend aus. Der Stab wurde zwar an die Seelsorgeräte, Dekanate, Pfarreien und Kirchgemeinden, Katecheten, geistlichen Gemeinschaften, kirchlichen Verbände und Bildungsinstitutionen weitergereicht. Und es wurden Mehrjahrespläne mit festgelegten Themen entworfen. Unterlagen für die Pfarreien wurden erstellt. *Für viele ein bisschen viel,* wie Bischof Fürer einräumt. Auch Rechenschaftsberichte waren vorgesehen. Aber wiederholtes Nachdrängen des Churer Synodenpräsidenten Alois Sustar liess auf mangelnden Eifer schliessen.

Zehn Jahre nach Abschluss der Synode wurde für die Churer Delegierten ein Treffen der «Ehemaligen» in der Paulus-Akademie in Zürich organisiert. Die Nachfrage war schwach. Etwa dreissig Teilnehmer zählt Willy Kaufmann aus dem Gedächtnis auf. Die Stimmung war gedämpft bis resignativ. Hat es sich gelohnt? Hat es etwas genützt?

Nun, ganz so schlimm war es denn doch nicht. Die Synode wurde in der Folgezeit durchaus «instrumentalisiert», wenn auch «selektiv», wie Willy Kaufmann weiter die Fernwirkung des Unternehmens einschätzt. Auch Ivo Fürer freut sich, dass bis heute Synodentexte für die Erwachsenenbildung gelegentlich gefragt sind. Der Autor dieses Buches wurde selber vor wenigen Jahren für die Gestaltung eines «Synodenabends» engagiert.

Die Ökumene erlebte an der Synode 72 einen Aufwärtstrend. Die Vertreter der anderen Kirchen bekamen ein Mitspracherecht, sogar das Recht, Anträge zu stellen, aber kein Stimmrecht. Eine erfreuliche Erfahrung mit bleibendem Wert brachte die intensivierte Zusammenarbeit unter den verschiedenen Kulturregionen, wo bisher nur lose Kontakte über die Sprachgrenzen bestanden. Typisch aber wiederum das helvetische Synodenmodell: Gesamtschweizerische Plenarversammlungen konnten einzelne Fragen nur dann endgültig beschliessen, wenn alle Bistumssynoden der Abtretung der Entscheidung zugestimmt hatten.[47] Da ging es ja fast so zu und her wie an der alten eidgenössischen Tagsatzung, wo Einstimmigkeit der Abgeordneten erforderlich war.

Dass die Synode 72 eine nicht zu unterschätzende Fernwirkung hatte, wurde im Bistum Chur mit der «Causa Haas» offenbar. Sie bildete eine von mehreren «Basen» für den Widerstand. Auf sie konnte man sich berufen und belegen, in welchem Widerstreit mit Geist und Buchstaben der Synode die rücksichtslose Durchsetzung des Nachfolgers von Bischof Vonderach war. Die «Tagsatzung der Bündner Katholikinnen und Katholiken», als Idee aus dem Notstand geboren, schloss sich dem Modell der Synode an, beging allerdings auch denselben Fehler mit der übermässigen Anhäufung und dem Breitwalzen von Themen. Das war insofern verständlich, als man es nicht bloss bei einer Protestbewegung bewenden lassen wollte. Sie sollte auch geistige und geistliche Aufbauarbeit leisten und tat es auch. Ein Stück weit war sie schon eine spirituelle Arbeitstherapie. Sie half die Durststrecke überbrücken, schmiedete die Solidarität und stärkte den Zusammenhalt. Man half sich gegenseitig beim Durchhalten. Noch mehr als für die Synode gilt für die Tagsatzung: Das Wichtigste war das Ereignis selbst, das über Jahre sich hinziehende, mehrtägige Zusammensein von Frauen und Männern, Priestern, Ordensleuten und Laien im gastlichen Kloster der Dominikanerinnen in Ilanz, mit Weihbischof Paul Vollmar als «Protektor» und dem damaligen Nuntius Karl-Josef Rauber im Rücken.

Vom Rücken zum Wind im Rücken. Einen Pfingststurm hat die Synode 72 gewiss nicht entfacht. Das wäre eindeutig übertrieben. Aber auf den Karten der kirchlichen Grosswetterlage sind die günstigen und aufheiternden Winde eingezeichnet, die ihre Dynamik und Thermik aus der trotz allem noch immer anhaltenden Atmosphäre von Konzil und Synode beziehen. Im Unterschied zum Zweiten Vatikanischen Konzil, wo die Laien nur eine Randerscheinung bildeten, war die Synode 72 eine Kirchenversammlung, die zur Hälfte aus Laien bestand. Und wenn man sich die rechtlich nur *beratende* Funktion der Synode vor Augen hält, waren die Laien in Tat und Wahrheit gleichberechtigt mit dem Klerus. Die Synode 72 verkörperte das, was seit vielen Jahrzehnten zuvor über die *Laien in der Kirche* nachgedacht wurde. Und sie demonstrierte, dass die Laien nicht Hilfspersonal der Kirche sind, sondern in der eigentlichen Sendung der Kirche Christi stehen, aus der Kraft des allgemeinen Priestertums in der Welt zu wirken. Das Kirchenbewusstsein, das damals über Jahre gepflegt und genährt wurde, ist trotz verbreiteter Kirchenmüdigkeit nach wie vor abrufbar und kann wieder mobilisiert werden.

# 11. Anmerkungen mit Quellenangaben und Literaturhinweisen

Die mündliche Quelle bilden die ausgiebigen Gespräche mit synodalen Entscheidungsträgern, die Erinnerungen und Einschätzungen beisteuerten. Befragt wurden: *Dr. Ivo Fürer, Bischof von St. Gallen, Prof. Dr. Josef Pfammatter, Sachseln, Schwester Dr. Raphaela Gasser, Ilanz, lic. iur. Willy Kaufmann, Publizist, Zollikerberg und Schwester Marionna Theus, Ingenbohl.* Ihnen sei an dieser Stelle für ihre Bereitschaft herzlich gedankt. Dazu gesellen sich eigene Beobachtungen.

Als schriftliche Quellen dienten die nicht publizierten Protokolle der Synode 72 des Bistums Chur. Die gedruckten Quellen, die Synodendokumente, alle Sachkommissionen mit ihren Vorlagen, Empfehlungen und Entscheidungen finden sich in: Synode 72 Bistum Chur. Gesamtband, Chur 1977.

Der Churer Diözesanarchivar, Dr. Albert Fischer, hat nicht weniger als 154 Schachteln zur Synode 72 gezählt. Sie sind weder registriert, geschweige bearbeitet. Wie man zu solchen Beständen kommt, ist fürs erste unerklärlich. Da müssen wohl auch alle Weinabrechnungen gelagert sein. Selbst wenn alle Unterlagen und Dokumentensammlungen sämtlicher Diözesen gehortet wären, bliebe der Umfang dieser Akten ein Rätsel. Ob sich je jemand an diesen Berg wagt? Vorerst gilt bis 2015 die vierzigjährige Sperrfrist, wie Fischer pflichtschuldig anmerkt.

Relativ bald nach Abschluss der Synode erschien eine Dissertation darüber: Elisabeth Hangartner-Everts: Synode 72. Vom II. Vatikanischen Konzil zur Vorbereitung und rechtlichen Ausgestaltung der Synode 72, Luzern 1978. Sie wurde von der Juristischen Fakultät der Universität Basel 1977 angenommen und befasste sich, wie der Titel ankündigt, vor allem mit den rechtlichen Belangen und der strukturellen Aufgliederung der Synode 72.

# Die Belege im Einzelnen:

1   Vgl. Schweizerische Kirchenzeitung (SKZ) 133 (1966) 308 f.

2   Vgl. SKZ 136 (1969) 165 f.

3   Vgl. SKZ 136 (1969) 181–186.

4   Vgl. Kessler, Michael: Art. Diözesansynode, II. praktisch-theo-
    logisch. In: Lexikon für Theologie und Kirche (LThK), 3. Auflage,
    Bd. 3, 254–255.

5   Vgl. zu diesem Kapitel: Fürer, Ivo: Synode 72. Aus der Vorberei-
    tungszeit, in: SKZ 137 (1970) 509–512; ders.: Rückblick auf die
    Tätigkeit der Interdiözesanen Vorbereitungskommission, in: SKZ
    139 (1972) 405–408; Bischof, Franz Xaver/Dora, Cornel: Ortskir-
    che unterwegs. Das Bistum St. Gallen 1847–1997. Festschrift zum
    hundertfünfzigsten Jahr seines Bestehens, St. Gallen 1997,
    173–217; Osterwalder, Josef: Dem Volk Gottes dienen. Ivo Fürer
    Bischof und Weggefährte, St. Gallen 2005, 56–73.

6   Vgl. Rahmenstatut für Diözesansynoden und Diözesane Wahlord-
    nung, publiziert in: SKZ 139 (1972) 87–90.

7   Vgl. SKZ 139 (1972) 290–293.

8   Der ausführliche Bericht darüber in: SKZ 139 (1972) 557–566.

9   Schuler, Karl: Die Kirche der Schweiz als Parlament. Berichte und
    Eindrücke von der ersten Arbeitssitzung der Synode 72, in: SKZ
    139 (1972) 729–733.

10  Vgl. Annen, Franz: Parrhesia (freimütige Offenheit): eine neutesta-
    mentliche Tugend für unsere Kirche, in: Pfammatter, Josef (Hrsg):
    «Werft eure Zuversicht nicht weg», Freiburg i. Ü. 2002, 12–23.

11  Vgl. die Informationen und Ergebnisse der Tagung vom 8./9.Mai
    2005 an der Theologischen Hochschule Chur: Ein grosser Churer
    Diözesan – Hans Urs von Balthasar (1905–1988).

12  Vgl. Sachkommission 1: Glaube und Glaubensverkündigung heute.

13  Vgl. Sachkommission 2: Gebet, Gottesdienst und Sakramente im
    Leben der Gemeinde.

14  Vgl. Sachkommission 4, 2. Teil: Das Problem der kirchenfreien
    Christen (IV, 24–34).

15  Sachkommission 4, 1. Teil, Vorlage 3 (IV, 20).

16  Sachkommission 9, 6.5: Bistumseinteilung und Wahl der Bischöfe,
    hier: 6.5.3 (IX, 44).

17  Sachkommission 4, 1. Teil, Vorlage 16 (IV, 22).

18  Protokoll der ersten Arbeitssession, 23.–26. November 1972, 70.

19  Protokoll der dritten Arbeitssession, 15.–18. November 1973, 31–33.

20  Sachkommission 2, 12.1: Der Sonntag der Christen (II, 40 f.).

21  Vgl. Felder, Pierre u. a.: Die Schweiz und ihre Geschichte, Zürich 1998, 340–348.

22  Sachkommission 8, 1.3: Zusätzliche soziale Probleme durch Einwanderung (VIII, 17–22, hier: 20).

23  Vgl. Protokoll der 4. Arbeitssession, 23.–26. Mai 1974, 127–160.

24  Sachkommission 10, 7.4: Verteidigung (X, 25–28, hier: X, 26).

25  Vgl. Sachkommission 10, 7.4.6: Dienstverweigerer (X, 28).

26  Sachkommission 3, 1.8: Dienst am Gewissen (III, 9).

27  Sachkommission 3, 2.6: Berufung (III, 20).

28  Vgl. Sachkommission 3, 5.4: Verschiedene Forderungen zur Berufung in den kirchlichen Dienst (III, 33–36, hier: 5.4.2: Weihe verheirateter Männer (viri probati) III, 34; vgl. III, 36).

29  Sachkommission 3, 5.4: Verschiedene Forderungen zur Berufung in den kirchlichen Dienst, hier: 5.4.4.2 (III, 35).

30  Sachkommission 3, 5.7: Pastorelle Zielsetzungen für die gegenwärtige Lage der Diözese Chur (III, 37–39, hier: 5.7.5, III, 38).

31  Vgl. III, 42.

32  Vgl. zu diesem Abschnitt eine Biographie mit einem etwas überzogenen Titel: Kopp, Barbara: Die Unbeirrbare. Wie Gertrud Heinzelmann den Papst und die Schweiz das Fürchten lehrte, Zürich 2003.

33  Kopp 244.

34  SKZ 135 (1968) 781–785.

35  Sachkommission 6, 1. Teil, 2.1: Eheliche Sexualität und Familienplanung (2.1.2.3 und 2.1.2.4: VI, 6).

36  Sachkommission 6, 1. Teil, 2.4: Gleichgeschlechtliche Zuneigung (VI, 12).

37  Vgl. Sachkommission 6, 2. Teil: Ehe im Werden und in der Krise (VI, 14–23).

38  VI, 13.

39  Sachkommission 5, 2. Teil, 8: Auf dem Weg zur Eucharistiegemeinschaft, hier: 8.2.5: Folgerungen für die Nicht-Katholiken (V, 25).

40  Sachkommission 5, 1. Teil, 5: Mischehe als religiöse Lebensgemeinschaft, hier: 5.3: Eucharistiegemeinschaft (V, 9); ebd., 2. Teil, 5: Auf dem Weg zur Eucharistiegemeinschaft, hier: 5.1.2 (V, 20).

41  Sachkommission 5, 2. Teil, 5.1.2 (V, 20).
42  Vgl. dazu die Berichterstattung der Neuen Zürcher Zeitung (NZZ), Nr. 83, 11.4.2005, 24.
43  Protokoll der ersten Arbeitssession, 23.–26. November 1972, Anhang, 1–5, dazu Protokoll der zweiten Arbeitssession, 31. Mai–3. Juni 1973, 98–102.
44  Vgl. Imstepf, Armin: Die schweizerischen Katholikentage 1903–1954, Freiburg i. Ü. 1987; Altermatt, Urs: Katholizismus und Moderne, Zürich 1989, 161.
45  Vgl. Sachkommission 2, 6 und 13: Sünde und Versöhnung (II, 21–26 und 48–50).
46  Osterwalder 67.
47  Vgl. Fürer, Ivo: Nach der Synode 72 in der Schweiz, in: Theologisch-praktische Quartalschrift 124 (1976) 160–167.

## Abbildungsnachweis

Sämtliche Abbildungen sind entnommen aus:

Schuler, Karl u. a.: Ein Bischof und sein Dienst. Bischof Johannes Vonderach von Chur zum 60. Geburtstag, NZN-Buchverlag, Zürich 1976.

**Im Einzelnen:**
Abb. 1: 66 Abb. 108
Abb. 2: 69 Abb. 116
Abb. 3: 68 Abb. 114
Abb. 4: 66 Abb. 109
Abb. 5: 66 Abb. 110
Abb. 6: 70 Abb. 118